整全神学
온 신학
Ohn Theology
Holistic Theology

장로회신학대학교출판부
ⓒ2015

Ohn Theology
Holistic Theology

by Myung Yong Kim
Presbyterian University and Theological Seminary Press
25-1 Gwangjang-Ro 5-Gil Gwangjin-Gu Seoul 143-756
The Republic of Korea
Tel. 82-2-450-0795 Fax. 82-2-450-0797 e-mail: ptpress@puts.ac.kr
http://www.puts.ac.kr

整全神学 온 신학

초판 1쇄 인쇄 | 2015년 8월 14일
초판 1쇄 발행 | 2015년 8월 21일

지 은 이 | 김 명 용
발 행 인 | 김 명 용
발 행 처 | 장로회신학대학교출판부
신   고 | 제1979-2호
주   소 | 143-756 서울특별시 광진구 광장로 5길 25-1(광장동 353)
전   화 | 82-2-450-0795
팩   스 | 82-2-450-0797
이 메 일 | ptpress@puts.ac.kr

값 10,000원
ISBN 978-89-7369-372-6 93230

ⓒ장로회신학대학교출판부 2015

온 신학 = 整全神学 / 지은이: 김명용. ── 서울 : 장로회신
학대학교출판부, 2015
      p. ;   cm

대등표제: Ohn theology
대등표제: Holistic theology
참고문헌 수록
한중대역본임
ISBN 978-89-7369-372-6 93230 : ₩10000

기독교 신학[基督敎神學]

231-KDC6
230-DDC23   CIP2015021679

整全神学

온 신학

Ohn Theology
Holistic Theology

Myung Yong Kim

Presbyterian University and Theological Seminary Press
©2015

온 신학

Ohn Theology

김 명 용
지음

장로회신학대학교출판부

머리말

✿

온 신학은 한국에서 발전된 한국의 신학이다. 이
신학은 루터와 칼빈의 종교개혁 전통 위에서 에큐메니
칼 신학과 복음주의 신학 및 오순절주의 신학이 한국에
서 합류되면서 만들어진 신학이다. 이 신학은 한국에서
발전된 박형룡의 근본주의 신학, 조용기의 삼중축복의
신학 및 민중신학의 약점들을 극복하고 신학의 온전성
을 추구하면서 형성된 신학이다. 이 신학은 탁월한 목
회자였던 한경직의 신학정신과 탁월한 신학자였던 이
종성의 통전적 신학을 배경으로 발전한 신학이고, 칼
바르트(Karl Barth)와 위르겐 몰트만(Jürgen Molt-
mann)의 신학정신이 깊이 녹아있는 신학이다.

온 신학은 온 세상을 위한 온전한 신학을 의미한
다. 교회를 위한 신학은 매우 중요하다. 그러나 교회만을 위한 신학은 협소한 신학이다. 온 세상이 하나님 나라를 향하도록 세상을 인도하는 신학이 필요하다. 온신학은 바로 이 일을 감당하는 신학이다. 온전하지 못한 신학은 세상이 혼돈속에 빠지고 비참과 악이 창궐하는 일을 막지 못한다. "하늘에 계신 너희 아버지의 온전하심과 같이 너희도 온전하라"(마 5:48)는 말씀은 신학에도 매우 타당하다. 온 세상을 위한 온전한 신학은 세상의 생명과 평화를 위해 중요하다.

이 책은 '아시아 태평양 신학과 실천'(Asia Pacific Theology and Practice)이라는 주제 하에 2014년 5월 13일 장로회신학대학교에서 개최된 제15회 국제학술대회에서 발표된 글이다. 아시아 태평양 신학이 온 신학의 방향으로 정향되어 아시아 태평양 지역의 생명과 평화를 위해 큰 기여를 할 수 있었으면 하는 바람을 담고 있다.

온 신학은 한국교회의 중심에 위치하고 있는 신학이다. 이 신학은 한국 장로교회(통합)의 신학과 많은 부분이 일치하고 또 병향하고 있고, 한국의 복음적이면서도 높은 학문을 갖고 있는 신학자들의 신학을 반영하고 있다. 오늘날 한국교회의 중심에 흐르고 있는 신학이 무엇인지 알기 원하는 사람들에게 이 온 신학이 큰 도움이 될 것이다. 그러나 온 신학은 오늘의 한국교회의 정신을 단순히 반영하는 신학은 아니다. 온 신학 안에는 교회와 세상과 신학이 가야 할 방향과 이상이 함께 들어 있다.

장로회신학대학교 총장

김 명 용

목 차

온 신학
(Ohn Theology)

김명용

🏵

　온 신학은 130년 한국 신학의 결론이자 정점이다.
온 신학은 온 세상을 위한 온전한 신학을 의미한다. 온
신학은 한국에서 발전된 신학인데 특히 한국장로교회
통합 측에서 발전된 신학이고 그 중심 학교는 장로회신
학대학교이다. 한국장로교회가 한국교회의 중심적인
교회라는 것을 생각할 때 온 신학은 한국의 중심에 있
는 신학이라고 볼 수 있다. 온 신학은 이종성이 발전시
킨 '통전적 신학'[1]의 순수한 한국어 표현이다. 온 신학

---

1) 이종성의 통전적 신학에 대해서는 다음을 참고하라. 이종성/김명용/윤철호/현요한,
　『통전적 신학』(서울: 장로회신학대학교 출판부, 2004), 13-116

과 통전적 신학은 다른 신학이 아니다. 그러나 온 신학은 통전적 신학에서 발전된 다른 측면들이 있다. 이 발전된 다른 측면들은 앞으로 언급될 것이다. 그러면 온 신학은 어떤 특징을 가진 신학이며, 한국 신학이 온 신학으로 발전하기까지의 과정은 어떠하며, 왜 온 신학이 130년 한국 신학의 결론이자 정점인지를 이제 살펴보기로 하겠다.

온 신학이란 무엇인가?

●온 신학은 통전적 신학의 다른 표현이다. 통전적 신학의 통전적이라는 표현이 한자어 표현인데 이를 순수한 한국어 표현으로 바꾸면 '온'이 된다. 그러므로 통전적 신학이나 온 신학이나 같은 의미를 갖는 신학이라고 할 수 있다. 통전적 신학은 이종성에 의해 장로회신학대학교에서 시작된 신학이다. 통전적 신학을 시작한 사람은 이종성이고 이 신학이 발전된 장소는 장로회신학대학교였으며, 이내 이 신학은 한국장로교의 통합측 신학으로 발전했다. 이 신학은 1985년 장로회신학대학교의 신학성명과 2001년 장로회신학대학교의 신

학교육성명 속에 그 구체적 모습을 드러냈고, 2003년 한국장로교 통합측의 신앙고백서 속에서도 그 신학적 특징이 명백히 나타나고 있다. 장로회신학대학교가 1998년 대학이념으로 확정한 예수 그리스도의 복음전파와 하나님 나라의 구현이라는 표현은[2] 바로 이 통전적 신학의 내용을 압축한 것이다.

●온 신학은 온 세상을 위한 신학이다. 온 신학에서 교회는 매우 중요하지만 교회만을 위한 신학이 온 신학은 아니다. 온 신학은 온 세상에 하나님의 통치가 구현되기를 바라는 신학이다. 즉, 온 신학은 온 세상이 하나님 나라를 향해 정향되기를 원하는 신학이고 궁극적으로 이 땅에 하나님 나라가 임하는데 봉사하고자 하는 신학이다. 그런 까닭에 온 신학은 하나님 나라를 위한 신학이다.[3]

●온 신학은 신학의 온전함을 추구하는 신학이다.

---

2) 장로회신학대학교의 교육이념은 1998년 한국대학교육협의회의 대학종합평가를 대비하는 과정 가운데 확정되었다. 필자는 당시 교학처장으로 장로회신학대학교에 교육이념이 없음을 발견하고, 교육이념 확정을 위한 위원회를 주관하였다. 이 위원회에서 확정된 예수 그리스도의 복음전파와 하나님 나라 구현이라는 교육이념이 교수회의를 통과하면서 장로회신학대학교의 교육이념으로 확정되었다. 이 교육이념은 장로회신학대학교의 교훈인 경건과 학문과 더불어 장로회신학대학교의 신학과 정신을 상징하는 개념으로 오늘에 이르기까지 널리 사용되고 있다.

3) 이종성의 통전적 신학은 하나님 나라를 위한 신학이다. 그러나 온 신학은 이종성의 통전적 신학에 비해 하나님 나라 구현에 더 깊은 강조점이 있다.

온 신학은 단편적이고 파편화된 신학을 반대한다. 제3세계 신학에서 흔히 나타나기 쉬운 단편적인 신학은 온 신학의 길이 아니다. 온 신학은 온전한 신학에 도달하기 위해 다양한 신학이나 다양한 사상과 폭넓은 대화를 좋아하고 통전적인 시각을 얻기 위해 노력한다. 온 신학은 제1세계 신학도 존중하고 제3세계의 신학도 존중한다. 온 신학은 예수 그리스도 계시의 궁극성을 기초로 하지만 성령에 의해 세계 도처에서 일어나는 성령의 놀라운 해방과 생명의 역사들에 대해 열려있다. 온 신학은 대화적 신학이고 성경에 기초를 둔 성령론적 신학이고, 해방과 생명의 신학이다.

그런데 왜 통전적 신학을 온 신학이라는 다른 표현으로 쓸 필요가 있을까? 첫째는 한국인에게는 한국어 표현이 더 친숙하고 이해하기 쉽기 때문이고, 또 다른 중요한 이유는 통전적이라는 한자어 표기에 약간의 약점이 있기 때문이다. 통전적이라는 한자어의 영어표기는 인테그리티(integrity)이며 통합한다는 의미가 상대적으로 강하다. 온 신학이 추구하는 목적은 통합에 있는 것이 아니고 온전한(whole) 신학을 형성하는 것이다. 통합은 방법론적인 것일 뿐 목적은 아니다. 온 신학은 신학의 온전함(theological wholeness)을 추구하는 신학이다. 즉, 편협하지 않고 하나님에 관한 모든 것을 온전하게 표현하는 신학이다. 하나님께서 우주 만물(cosmic)의 신이시기 때문에 인간과 피조세계의 모든 것을 포괄하면서 하나님에 관한 온전한 지식을 전하는 신학에 대한 표현으로는 한국어 '온'이라는 표현이 더 적합하다.

온 신학의 온을 더 잘 이해하기 위해서는 비유로 달을 생각해 볼 필요가 있다. 반달은 아직 온달이 되지 못한 달이다. 한국교회와 신학계에는 그동안 반쪽짜리 신학이 활개치면서 교회를 분열시키고 처절한 싸움을 해왔고, 지금도 그리하다. 2013년 부산(Busan)에서 열린 세계교회협의회(WCC)의 정신과 신학도 제대로 이해하지 못하는 편협한 신학 때문에 국민의 지탄을 받을 정도로 교회 간에 처참한 갈등과 싸움이 있었다. 이 갈등을 치유하고 한국교회를 하나 되게 하려고 노력한 사람들은 거의 대다수가 '온' 신학적 정신을 공유하고 있던 사람들이었다.[4] 반달이 반쪽짜리 달이라면 온 달은 온전한, 충만한 달이다. 즉, 온 신학은 하나님에 관해 온전하게 충만하게 표현하고 가르치려는 신학이다.

오순절주의 교회가 온전한 복음(Full Gospel)을

---

4) 온 신학은 한국에서 가장 에큐메니칼적인 특징을 갖고 있는 신학이다. 온 신학은 폐쇄적이지 않고 열려있는 신학이고 핵심적인 신학정신이 일치하면 다른 점이 많이 있어도 협력해서 함께 하나님 나라를 세우려는 경향을 갖고 있다.

제창하면서 영혼의 기독교에 도전을 감행한 것은 온 신학에 대한 열정과 부분적으로 연관이 있다. 육체를 구원하고 가난에서부터 구원하는 예수 그리스도의 구원 사역에 대한 이해의 확장은 온 신학의 시각에서 보면 긍정적인 측면이 있다. 온 신학은 영혼의 구원 뿐 만 아니라 육체의 구원도 동시에 생각하는 통전적 구원론을 갖고 있기 때문이다. 1975년 나이로비(Nairobi) WCC 총회에서 WCC는 온전한 복음(The Whole Gospel)이라는 표현을 사용하면서 선교 개념도 통전적 선교 (holistic mission)라는 표현을 사용했는데 이것 역시 온 신학을 향한 세계교회의 노력으로 볼 수 있다. 온 신학은 개인의 구원 뿐만 아니라 하나님의 선교(Missio Dei) 개념이 중요하게 생각하는 인간화 및 사회적, 역사적 구원과 해방을 동시에 중요하게 생각한다. 온 신학은 세계 복음주의 교회가 1989년 마닐라 대회를 열면서 온전한 복음(The Whole Gospel)이라는 표현을 선언문의 제2부에서 크게 선언한 것을 긍정적으로 평가한다. 왜냐하면 복음주의 교회는 정의와 평화 및 창조의 보전에 관한 중요한 교회의 과제에서 상대적으로 약점을 보여 왔기 때문이다. 온 신학은 세계 신학의 방향이 온 신학의 방향으로 발전되고 있는 것에 대해 기

---

5) 더 자세한 설명을 위해서는 다음을 참고하라. 이종성/김명용/윤철호/현요한, 『통전적 신학』, 54-59.

쁘게 생각한다.[5] 온 신학은 오순절주의 신학과 복음주의 신학과 WCC신학의 정점에 있는 신학이다. 온 신학은 예수 그리스도의 복음이라는 그리스도론적 차원과 하나님 나라 구현이라는 성령론적 차원이 페리코레시스(perichoresis)적으로 깊이 연결되어 있는 신학이다. 온 신학은 예수 그리스도를 통해 나타난 온전한 복음에 기초를 두고 하나님 나라를 세우고자 하는 성령론적 신학이다.

한국에서의 온 신학을 향한 신학적 발전

박형룡의 근본주의 신학

지난 약 100년 간 한국교회에 가장 강하게 영향을 미친 신학은 근본주의 신학이다. 근본주의 신학이 미국에서 만들어진 신학으로 한국에서 만들어진 한국의 신학은 아니었지만, 근본주의 신학은 한국에 깊이 뿌리를 내렸고 다수의 한국교회는 이 근본주의 신학을 받아들였고, 이 근본주의 신학에 기초해서 신앙생활을 영위해왔다. 오늘날까지 한국교회에서 강하게 만나게 되는 신학은 근본주의 신학이다. 그런 까닭에 근본주의 신학은 이미 한국의 신학이 되었다. 2013년 부산(Busan)에서 열린 세계교회협의회(WCC)의 부산총회 때, 이를 반대하고 저지하기 위한 큰 저항이 한국교회에서 일어났는데, 이 때 저항했던 교단들과 교회들은 거의 근본주의 신학에 영향을 받은 교단들이었고 교회들이었다.

한국에 근본주의 신학을 심는데 가장 큰 역할을 한 인물은 박형룡이었다. 박형룡은 미국의 프린스턴(Princeton)신학교에 유학시절 근본주의 신학자 메이첸(J. Gresham Machen)에게서 깊이 영향을 받았고, 메이첸의 근본주의 신학을 한국에 심고자 했던 인물이었다. 박형룡은 메이첸의 근본주의 신학을 한국에 심기 위해 끊임없이 노력했기 때문에, 박형룡은 한국의 메이첸이라고 불린다. 박형룡은 성서에 대한 고등비평(High Criticism)을 강하게 반대했는데, 이는 그가 근본주의 신학의 대 원칙인 성서의 축자적 무오설을 절대적 신앙으로 갖고 있었기 때문이었다. 박형룡은 성서에 대한 고등비평을 자유주의 신학으로 규정했고, 이 자유주의 신학을 바른 신학의 적으로 간주했다. 박형룡은 칼 바르트(Karl Barth)의 신학까지도 자유주의 신학으로 규정하고 자신의 신학적 적으로 삼고 공격을 감행했는데,[6] 이는 바르트가 성서비평학을 하나님의 말씀을

6) 박형룡의 바르트 비판과 그 원인에 대해서는 다음을 참고하라. M.Y.Kim, The Recep-

바르게 듣기 위한 전 단계로 용인했다고 생각했기 때문이었다. 박형룡의 바르트 신학에 대한 맹렬한 비판은 1953년 한국 장로교회가 예수교 장로회와 기독교장로회로 분열되는 중요한 원인이었다. 기독교장로회의 신학적 아버지 김재준은 성서가 하나님의 말씀이라고 굳게 믿는다고 끊임없이 강조했음에도 불구하고, 박형룡은 성서비평학을 받아들이는 사람은 결코 성서의 하나님 말씀됨을 믿는 사람이라고 볼 수 없다는 주장을 되풀이했고, 결국 한국장로교회가 예수교장로회와 기독교장로회로 분열되었다.

메이첸의 신학적 영향을 받은 박형룡은 메이첸 사후에는 미국의 반공주의 근본주의자 칼 맥킨타이어(Carl McIntire)의 영향을 크게 받았다. 1959년 예수교장로회가 한경직 그룹인 통합과 박형룡 그룹인 합동으로 분열될 때, 한경직 그룹은 미국장로교회와 프린스턴 신학교의 신학적 방향의 길로 갔지만, 박형룡 그룹은 끝까지 근본주의 노선을 견지하면서, 이념적으로는 맥인타이어의 반공주의 노선을 택했다. 1959년 예수교장로회 분열의 결정적 원인은 세계교회협의회에 가맹교단으로 참여할 것인가의 문제였다. 가장 큰 신학적

tion of Karl Barth in Korea, in: Günter Thomas/ Rinse H.Reeling Brouwer/ Bruce Mc-Cormack(eds.), *Dogmatics after Barth* (Leipzig : CreateSpace Independent Publishing Platform, 2012), 15-19.

논점은 공산주의와 관련된 이념에 관한 문제였다. 박형룡은 세계교회협의회가 공산주의 국가의 교회들을 회원으로 받아들이는 것은 있을 수 없는 교회의 타락으로 규정했고, 맥인타이어의 노선을 받아들여 세계교회협의회에 가입하는 것을 극렬 반대했다. 박형룡은 참된 교회는 반공주의 노선 위에 있다고 굳게 믿었다. 박형룡이 이 때 세계교회협의회를 반대했기 때문에, 반세기가 지났지만, 박형룡의 영향권 속에 있는 한국의 근본주의 교단들과 교회들은 세계교회협의회를 이단으로 규정하면서 2013년의 부산 총회를 극렬 반대했다.

박형룡의 근본주의 신학의 문제점은 성서의 절대적 무오성에 대한 강조 때문에 성서의 세계관과 오늘의 과학적 세계관과의 충돌은 불가피하게 일어나고, 이는 오늘날 한국의 많은 지성인들이 교회의 가르침에 등을 돌리는 큰 원인 중의 하나이다. 또한 여성문제를 비롯한 여러 가지 윤리적 문제들에 대해 전근대적인 입장을 나타내는 것도 큰 문제점이다. 박형룡의 신학적 영향권 속에 있는 한국의 교단들은 아직도 여성안수를 허락지 않고 있다.

박형룡의 근본주의 신학의 또 하나의 문제점은 하나님 나라에 대한 잘못된 이해에 있다. 박형룡은 19세기 자유주의 신학에 대한 비판이 지나쳐서 지상에서 건설되는 하나님 나라에 대한 모든 견해를 자유주의 이단으로 규정했다. 박형룡은 역사에 대한 비관주의적 견해를 바른 신앙으로, 정통주의 신앙으로 규정했다. 박형룡의 근본주의 신학은 역사는 갈수록 나빠지고, 마귀에 의해 장악되고, 7년 대환란이 일어나고, 교회는 큰 핍박을 당하고, 수많은 성도들은 순교하게 된다는 종말론을 갖고 있다. 이 세계 역사는 결국 마귀가 지배하는 역사가 되도록 규정되어 있기 때문에, 박형룡에 의하면 세계역사를 개혁해서 하나님 나라를 세운다는 사상은 비성경적이고, 자유주의 신학자들의 이단적 사상이다.

박형룡에 의하면 하나님 나라는 하늘 곧 천국에 있고, 예수재림과 더불어 땅에 강림한다. 교회가 해야 할 일은 세상을 개혁해서 하나님 나라를 확대시키는 것이 아니고, 망할 세상에서 영혼을 구원해서 천국으로 보내는 것이다. 박형룡의 신학은 오직 전도의 신학이다. 박형룡은 교회의 정치적 사회적 과제를 중요하게, 교회의 본질적 과제로 생각하지 않았다. 박형룡에 의하면 망할 이 세상에서 영혼을 구원해서 천국으로 보내는 것이 가장 중요하다. 교회는 구원의 방주이다. 정치를 개혁하는 것이 중요한 것이 아니고 교회를 새로 개척하고 이방인들의 땅에 선교사를 보내는 것이 중요하다.

박형룡의 신학이 위와 같은 특징이 있기 때문에

박형룡의 신학은 영혼중심적 신학이라고 볼 수 있다. 박형룡의 신학은 영혼의 신학이지 아직 온 신학은 아니다. 박형룡은 영혼에 대한 관심이 깊었지 세상에 대한 관심은 깊지 않았다. 이와 같은 박형룡의 근본주의 신학은 그 신학이 갖고 있는 장점과 단점이 그대로 한국의 교회와 역사 속에 나타났다. 박형룡의 오직 전도의 신학은 박형룡 신학의 영향권 속에 있는 교단들과 교회들이 전도에 힘쓰도록 만들었고, 교회 수와 교인 수가 크게 증가하는 결실을 맺었다. 반면 한국의 민주주의 암흑기에 민주주의를 위해 헌신한 기독교 지도자들 가운데 박형룡의 영향을 받은 사람은 거의 없었다. 박형룡의 영향권 속에 있었던 교회들과 성도들은 불의에 저항하고, 인권을 세우고, 민주주의를 위해 투쟁하는 일의 가치를 잘 알지 못했고, 따라서 매우 소극적이었고, 경우에 따라서는 독재정권과 영합하는 현상도 나타났다. 박형룡의 근본주의 신학은 교회를 역사책임적인 교회로 이끄는 데는 실패한 신학이었다.

조용기의 삼중축복의 신학

조용기는 세계에서 가장 큰 교회인 서울의 여의도

순복음교회를 세우고 평생 목회한 한국뿐만 아니라 세계오순절교회의 상징적인 인물이다. 그의 신학은 한국 오순절 계통의 교회에 큰 영향을 미쳤고, 한국 오순절 계통의 교회의 신학이 되어 있다. 그의 영향이 오순절 계통의 교회에만 있는 것이 아니다. 한국교회 전반에 깊게 퍼진 성령운동 속에는 그의 신학적 영향을 쉽게 발견할 수 있다.

조용기의 신학은 오중복음과 삼중축복의 신학이다. 그런데 이 가운데 오중복음은 중생, 성화, 신유, 재림, 성령 충만을 의미하는데 이는 한국성결교회가 가르친 사중복음과 큰 차이가 없다. 성결교회가 가르친 사중복음인 중생, 성화, 신유, 재림을 그대로 받아들이고, 거기에 성령 충만을 첨가한 것이다.

조용기의 신학의 독특성은 그의 삼중축복의 신학에 있다. 이 삼중축복의 신학은 삼박자 구원론이라고도 하는데 요한삼서 1절의 "네 영혼이 잘됨같이 네가 범사에 잘되고 강건하기를 바라노라"의 말씀을 근거로 영혼이 잘되면 건강에 복이 오고, 만사가 형통하는 복을 받는다는 이론이다. 조용기에 의하면 예수께서 십자가에 돌아가실 때에 우리의 질병을 짊어지고 돌아가셨고, 우리의 가난을 짊어지고 돌아가셨다. 그런 까닭에 우리가 예수를 믿으면 질병에서 해방될 수 있고, 가난에서 해방될 수 있다.

조용기의 삼중축복의 신학은 6·25 전쟁 이후 극한적인 가난과 질병 속에 시달리던 한국의 민중들에게 엄청나게 큰 희망이었다. 예수믿음과 질병에서의 해방과 가난에서부터의 해방을 연결시킨 조용기의 삼박자 구원론은 가난한 민중들에게 희망의 교리로 들렸고 이것이 여의도순복음교회를 세계에서 가장 큰 교회로 만든 결정적 동인이었다. 조용기의 삼중축복의 신학은 근본주의 신학이 얘기했던 영혼의 구원과는 다른 차원을 갖고 있는 신학이었다. 이 다른 차원의 핵심은 구원의 세상성이었다. 조용기는 영혼의 구원만 얘기한 것이 아니고 육체적인 구원을 얘기했고, 가난으로부터의 해방이라는 경제적 차원의 구원을 언급했다. 이와 같은 조용기의 구원론은 병들고 가난한 민중들에게 희망의 복음이었고, 이 희망의 복음이 한국의 오순절주의 교회의 성장의 동력이었다.

한국의 민중신학과 조용기의 삼중축복의 신학은 모두 민중을 살리기 위한 신학이었다. 이는 1980년대까지 한국이 가난에서부터 해방되기 위해 처절하게 몸부림치던 역사적 정황을 배경으로 갖고 있다. 민중신학이 정치적, 경제적 구조를 변화시켜 가난한 사람들에게 희망을 주려했다면 조용기의 삼중축복의 신학은 성령의 직접적인 만남을 통해 희망을 주려한 것이다. 조용기는 그리스도의 대속의 은혜가 우리를 저주와 고통에서 해방시킨다고 설교했고, 이 새로운 은혜의 역사가 성령을 통해 나타난다고 강조했다.

조용기의 삼중축복의 신학의 약점은 성령의 활동을 개인적 차원에서 주로 이해했던 데에 있었다. 조용기는 정치적 영역에서, 또한 사회의 구조적 영역에서 활동하는 성령의 활동을 잘 이해하지 못했다.[7] 조용기의 삼중축복의 신학은 오늘의 신학적 시각에서 보면 일종의 생명신학(life theology)이다. 그러나 2013년 한국의 부산(Busan)에서 열린 세계교회협의회의 주제인 "생명의 하나님, 우리를 정의와 평화로 이끄소서"(God of life, lead us to justice and peace)에서 강하게 언급되고 있는 정의나 평화에 대한 인식이 조용기의 삼중축복의 신학에는 없었다. 조용기는 오직 개인적 차원에서 병에서 해방시키고, 가난에서 해방시키는 구원자 예수만 알고 있었다. 그의 삼중축복의 신학이 한국에서의 생명신학의 중요한 맹아인 것은 틀림없지만, 아직 많은 결함을 안고 있었다.

조용기의 삼중축복의 신학의 본격적인 발전은 독

---

7) 이 점은 조용기 뿐만 아니라 오순절주의 신학 전반에 나타나는 문제이다. 몰트만은 평화운동 등에 오순절주의자들이 없음을 비판했다. J. Moltmann, Quelle des Lebens (München : Kaiser Verlag, 1997), 66.

일의 신학자 몰트만(J. Moltmann)과의 만남에서 이루어졌다.[8] 조용기는 몰트만을 여러 번 자신의 교회의 초청하고 함께 신학적 대화를 하면서 자신의 삼중축복의 신학의 결함을 조금씩 깨닫기 시작했다. 몰트만과 조용기는 모두 생명신학의 특징을 갖고 있는데 조용기의 생명신학이 개인적 차원의 생명신학이라면, 몰트만의 생명신학은 정치적 역사적 차원을 갖고 있는 생명신학이다. 조용기는 몰트만과의 만남을 통해 자신의 생명신학의 정치적, 역사적 차원의 결함을 인식하고 2005년부터 정의, 평화, 창조세계의 보전(JPIC)을 자신의 신학 속에 영입하기 시작했다.[9] 그러나 생명신학의 정치적, 역사적 차원은 아직 조용기의 삼중축복의 신학 속에 제대로 구현되어 있다고 보기는 어렵다.

---

8) 몰트만과 조용기와의 최초의 만남은 1995년이었다. 이 때 두 사람은 상호간에 공동의 경험과 생명의 하나님에 대한 공동의 인식이 있음을 알게 되었다. 이후 조용기는 2000년과 2004년 몰트만을 자신의 교회로 초청하였다.

9) 2005년 조용기는 몰트만에게 편지를 보내 자신이 변화했음을 고백했다. 조용기는 자신의 설교와 신학의 사회적, 역사적 차원의 결함을 발견하고 방향을 돌이켰음을 언급했다. 몰트만과 조용기와의 만남과 변화에 대해서는 다음의 논문을 보라. 낙운해, 몰트만신학과 한국신학, 미간행박사학위논문(서울: 장로회신학대학교, 2011), 130-153.

민중신학

일반적으로 한국 신학이라고 하면 민중신학만이 한국 신학으로 세계에 알려져 있다. 그러나 앞에서 언급한 박형룡의 신학이나 조용기의 신학에 비해 민중신학을 따르는 한국교회는 상대적으로 소수이다. 이것은 민중신학이 한국의 특정한 그룹이나 교회의 신학이지 전체 한국 교회를 대표하는 신학은 아니라는 뜻이고, 민중신학이 한국교회 전체를 대표하는 신학이 되지 못한다는 의미이다. 그러면 왜 한국교회의 다수는 민중신학을 자신의 신학으로 받아들이지 않았을까? 거기에는 매우 중요한 이유들이 있다.

첫째는 민중신학에 속죄론이 결여되어있는데 있다. 민중신학의 대표적 신학자인 안병무와 서남동의 신학 속에 예수의 십자가 죽음의 속죄적 성격이 나타나지 않는다. 한국교회는 예수의 죽음의 속죄적 성격을 복음의 핵심으로 이해하고 있다. 이것은 박형룡의 근본주의 신학이나 조용기의 오중복음과 삼중축복의 신학 모두에 공통적으로 나타난다. 그리고 예수의 속죄적 죽음은 한국을 선교한 서구 선교사들의 공통적 가르침이었다. 그런 까닭에 한국교회는 예수의 죽음의 속죄적 성격은 복음의 핵심 중의 핵심으로 이해했다. 그런데 민중신학은 의도적으로 이것을 부인하고 있는 것이다. 민중신학이 독재에 저항하고 인권과 민주화를 구현하는데 큰 공헌이 있음에도 불구하고 이 신학이 한국의 다수의 교회에서 배척을 받은 것은 바로 이 속죄론이 없는 신학이었기 때문이었다.

둘째는 예수의 육체적 부활에 대한 민중신학자들의 부정적인 태도이다. 안병무에 의하면 예수의 부활은 예수의 정신이 갈릴리의 민중들에게 부활한 것이다. 안병무는 예수의 육체적 부활을 믿지 않았다. 그런 까닭에 안병무의 정신을 이어받은 후예들은 작은 예수 전태일의 이름으로 기도하옵나이다를 언급할 수 있었다. 전태일은 청계천에서 노동운동을 한 청년으로 분신자살한 청년이다. 이 청년의 정신이 한국의 노동운동 속에 부활했기 때문에 전태일은 한국의 예수인 것이다. 한국의 다수의 교회는 이와 같은 민중신학의 입장을 받아들일 수 없었다.

셋째 문제는 민중이 주체가 되는 구원론이다. 한국의 다수의 교회는 구원의 주체는 철저히 하나님으로 믿고 있었고, 지금도 그리하다. 인간은 제2의 주체이지 첫째 주체는 될 수 없다. 하나님께서 역사변혁의 주체이기 때문에, 기도는 필수적이다. 그런데 민중신학은 이 첫째주체와 둘째주체 사이의 관계가 매우 혼란스러

웠다. 누가 진짜 주체인지, 기도가 정말 필요한지 혼란스러운 신학이 전개되고 있다. 민중의 힘이 구원한다는 이론은 공산주의의 프롤레타리아 혁명론과 과연 무엇이 다른지 한국의 다수 교회는 의심하고 있다.

넷째 문제는 민중신학의 성서관이다. 민중신학자 서남동에 의하면 성서이야기와 한국의 민중이야기 사이에 질적인 차이는 없다. 성서에는 이스라엘 백성의 민중 이야기가 있고 한국의 역사 속에는 한국백성의 민중 이야기가 있다. 그런 까닭에 서남동은 두 이야기의 합류를 이야기했고 탈성서화를 언급했다.[10] 한국교회는 성서의 하나님 말씀됨과 성서의 권위를 강하게 믿는 교회이다. 그런 까닭에 민중신학의 성서관은 한국의 다수교회의 걸림돌이었다.

다섯째 문제는 민중신학의 삼위일체론의 결여이다. 민중신학은 삼위일체론을 갖고 있지 않는 신학이다. 한국의 교회의 정황은 삼위일체론의 결여는 바로 이단으로 정죄된다. 민중신학이 이단으로 정죄되지 않은 것은 민중신학자들의 다수가 유명한 대학의 학자들이었기 때문일 것이고, 그들이 한국의 인권과 민주화를 위한 투쟁에 참여하면서 민주화를 열망하는 국민의 지지를 받았기 때문일 것이다. 그럼에도 불구하고 한국의

---

10) 서남동, "두 이야기의 합류," 『민중신학의 탐구』(서울: 한길사, 1983), 52-55.

다수의 교회의 민중신학에 대한 교리적 불만족은 매우 컸다. 예수의 참 하나님됨이 민중신학에서는 본질적으로 결여되어 있고 성령의 인격성에 관한 문제에도 심각한 결함이 있다. 민중신학은 동양종교의 기(氣)와 성령을 일치시키는 경향도 강하게 나타나는데 이런 것들은 이미 범신론적 차원으로 접어드는 것으로 다수의 한국교회가 용인하기에 쉽지 않았다.

민중신학이 위와 같은 큰 문제점들을 갖고 있었기 때문에 루터와 칼빈에서부터 내려오는 종교개혁신학의 전통을 공유하고 있는 한국의 다수의 교회들은 민중신학을 자신들의 신학으로 받아들이기를 거부했다. 민중신학이 한국의 신학인 것은 틀림없지만, 민중신학은 한국교회의 주류의 신학이라기보다는 정치적 민주화를 열망했던 그리스도인 그룹에 의해 형성되고 발전된 신학이었다.

그러나 민중신학을 자신의 신학으로 생각하고 받아들이는 교회가 상대적으로 적다해도 민중신학이 한국교회와 신학에 미친 영향이 적다고는 할 수 없다. 그 이유는 민중신학은 한국교회와 신학에 사회적, 정치적 책임의 중요성을 일깨워 주었기 때문이다. 박형룡의 근본주의 신학에 없는 정의와 인권과 평화에 대한 교회의 책임은 민중신학에 의해 크게 촉발되었다. 온 신학이

지향하는 하나님 나라 신학 중 상당부분은 민중신학의 신학적 유산이고 발전이다. 오늘의 한국교회는 교회의 사회적, 정치적 책임에 대해 매우 민감하다. 과거 박형룡의 근본주의 신학이 교회의 정치적 중립론을 강하게 강조했는데, 오늘날 근본주의 성향의 교회들까지도 정치적 책임에 대한 인식이 발전한 것은 이 교회들이 민중신학에 대해 반대하면서도 상당 부분은 민중신학에 의해 교회의 사회적 정치적 책임의 중요성을 깨우치게 된 것이다. 박형룡의 근본주의 신학의 영향을 받은 교회들이 교회의 사회적, 정치적 책임을 깨달은 것은 물론 아브라함 카이퍼(Abraham Kuyper)를 비롯한 칼빈주의 전통에 대한 이해가 깊어지면서 생긴 것이다. 그럼에도 불구하고 이와 같은 방향으로 교회의 길을 선회시키는 장소에는 민중신학의 큰 신학적 도전이 있었다.

이종성의 통전적 신학

한국의 신학이 온 신학으로 발전하는데 가장 결정적으로 영향을 미친 사람은 이종성이다. 이종성은 한국교회의 처참한 분열현장에 있었던 사람으로 한국교회의 비극적 분열이 신학의 편협성에서 기인한다는 것을 간파한 신학자였다. 그는 일본과 미국과 영국 독일 등 세계의 넓은 신학과 접했고, 세계 신학의 다양성을 익히 알고 있었던 신학자였다. 그는 신학의 백과사전이라고 해도 과언이 아닐 정도로 전 세계 신학에 대해 폭넓게 알고 있었을 뿐만 아니라 고대교회의 신학에서부터 종교개혁의 신학 및 오늘의 현대신학까지 해박한 신학적 지식을 갖고 있었다. 그의 해박한 신학적 지식은 그의 조직신학대계 14권을 포함한 40권의 그의 신학전집 속에 잘 나타나있다.[11] 그는 칼 바르트에 버금갈 정도로 엄청난 양의 신학저술을 한 사람으로 한국에서는 그를 능가하는 양의 신학저술을 한 사람이 없다.

이종성의 통전적 신학이 한국적 신학인 이유는 그의 통전적 신학이 한국 사람에 의해 쓰여졌기 때문만이 아니다. 그의 통전적 신학은 장로교회만 200개 이상의 교회로 분열된 한국교회의 쓰라린 분열의 역사를 배경으로 탄생한 신학이기 때문이다. 또한 군사독재 시절의 좌우파로 갈려서 극렬하게 충돌한 한국의 이데올로기적 갈등과 충돌을 배경으로 하고 있기 때문이다. 남북 분단의 현실은 오늘까지 남남갈등의 큰 원인이고 한국 민족을 하나 되게 하지 못하는 민족적 분열의 원흉이

---

11) 이 40권의 신학전집은 2001년 한국기독교학술원에서 『춘계 이종성 저작 전집』이름으로 출간되었다.

다. 이종성이 다양한 신학과 다양한 정신에 대한 폭넓은 이해를 강조하는 것을 유럽의 신학자들은 이해하기 힘들지 모른다. 유럽은 각 나라마다 한 두 교파가 지배적인 위치에 있기 때문에 교파간의 대립이 상대적으로 적다. 그러나 과거 종교개혁 시대 이후에 일어났던 종교전쟁의 피의 역사를 생각해보면 한국교회의 분열의 참혹상을 이해할지 모른다. 한국교회는 세계교파의 전시관이라 해도 과언이 아닐 정도로 세계의 모든 교파가 들어와 있고, 특히, 교회분열의 세계적 원흉인 근본주의 신학이 강하게 영향을 미친 곳이다. 이런 까닭에 이종성의 통전적 신학은 한국의 토양 위에서 자란 에큐메니칼적 신학이다. 이종성의 통전적 신학은 한국교회를 치유하고 한국민족을 치유하기 위한 신학이었다. 그것은 교회의 평화와 민족의 평화를 꿈꾼 신학이었다.

이종성의 통전적 신학이 구체적 신학적 실체로 등장은 것은 1984년이었다. 이종성은 1984년에 『그리스도론』이라는 책을 출간하면서 통전적 그리스도론을 제창했다.[12] 이종성에 의하면 그리스도론은 위로부터의 그리스도론과 아래로부터의 그리스도론의 양대 흐름이 있는데 이 둘은 양자택일의 문제가 아니고 전체를 하나

---

12) 이종성에 의하면 통전적 그리스도론이란 그리스도의 전모(a total picture)를 그려보려는 그리스도론이다. 이종성, 『춘계 이종성 저작 전집 4, 그리스도론』(서울: 한국기독교학술원, 2001) 575.

로 파악해야 한다고 보았다. 예수께서는 참신이시자 참 사람이라는 칼케돈 신조의 가르침은 양자택일의 그리스도론을 불가능하게 한다고 이종성은 생각했다. 이종성의 그리스도론적 시각을 한국의 신학에 적용해 보면 박형룡의 근본주의 신학은 그리스도의 참신되심을 강조한 위로부터의 그리스도론이고 민중신학은 민중인 인간 예수를 강조한 아래로부터의 그리스도론이다. 이종성의 시각은 위로부터의 그리스도론은 인간 예수의 역사성에 대한 이해가 부족하고, 아래로부터의 그리스도론은 예수 그리스도의 성자이심에 대한 삼위일체론적 이해가 부족하다.

이종성의 통전적 신학은 그의 성경관에도 잘 나타난다. 이종성은 성경이 하나님의 말씀이자 이 말씀에 대한 인간적 증언의 성격을 지니고 있다고 보았다. 즉, 성경은 신적인 측면과 인간적 측면을 모두 갖고 있다고 본 것이다. 이종성에 의하면 박형룡의 근본주의신학적 성경관은 성경의 인간적 측면을 간과한 약점이 있는 성경관이다. 이종성은 성서비평학을 철저히 반대한 박형룡은 성경연구의 바른길을 오도하는 잘못을 범하고 있다고 판단했다. 그러나 이종성은 서남동의 민중신학에서 볼 수 있듯이 탈성서화론을 잘못된 길이라고 평가했다. 왜냐하면 성경은 다른 세상의 책이나 민중 이야기와는 본질적으로 차이가 있는 하나님의 말씀이기 때문이다.

그러나 이종성은 근본주의 신학이나 민중신학이 모두 성경의 매우 중요한 어떤 정신을 계승하고 있다고 생각했다. 이종성의 안타까움은 이들이 모두 자신들의 편협한 신학에 갇혀 상대방을 비판하고 적대시하는 태도였다. 이종성은 이들의 신학 모두가 더욱 발전하고 성숙해야 된다고 생각했다. 그들의 단편적인 편협한 시각은 한국 교회의 바른 성숙의 길을 막는다고 이종성은 보았다.

이종성은 세계 신학적으로 보면 바르트(Karl Barth)도 좋아하고, 틸리히(Paul Tillich)도 좋아하고 몰트만(Jurgen Moltmann)도 좋아한 신학자였다. 이종성의 통전적 신학 속에는 이 세 신학자의 신학 정신이 잘 녹아있다. 물론 이종성은 이 세 신학자 모두에게 비판적으로 접근했다. 또한 이종성은 칼빈(J. Calvin)과 그 이후의 개혁파 신학에 대해 상대적으로 높은 평가를 하는 신학자였다. 그런 까닭에 이종성의 통전적 신학은 칼빈과 바르트 및 몰트만으로 연결되는 개혁파 신학의 전통이 깊이 녹아있는 통전적 신학이라고 볼 수 있다. 바르트가 개혁파 신학의 전통을 높이 평가한 것과 마찬가지로 이종성 역시 개혁파 신학의 전통을 높이 평가했고 이 신학의 전통 속에 온전한 신학의 중요한 내용이 강하게 존재한다고 보았다. 그런 까닭에 이종성의 통전적 신학은 개혁파 신학의 전통 위에서 더 폭넓고 온전한 신학을 위해 세계 신학의 다양한 흐름들과 대화하고 토론하면서 형성된 신학이라 할 수 있다. 그러나 이종성의 통전적 신학은 여러 신학을 통합하는데 무게 중심이 있었고 온전함을 추구하는 데는 상대적으로 약점이 있었다. 온전한 신학은 통합만으로 이루어지는 신학이 아니고, 바른 신학의 기준 위에서 잘못된 것은 고치고 중요한 것은 더욱 강조하고 새로운 정신을 첨가하면서 완성된다. 이종성의 통전적 신학은 신학적 통합의 힘들고 거친 과정이 비교적 성공적으로 이룩된 신학이다. 이 점에 있어서 이종성의 통전적 신학은 큰 공헌이 있다. 이종성의 통전적 신학은 온 신학을 위한 큰 틀을 마련한 신학이다.

온 신학의 범위와 목적

온 신학은 이종성의 통전적 신학에서 발전한 신학이다. 그런 까닭에 온 신학은 이종성의 통전적 신학과 공유하고 있는 부분이 많다. 그러나 달라지고 발전된 부분도 상당히 있다. 그러면 온 신학은 어떤 신학일까?

온 신학의 범위

온 신학의 범위는 온 세상이다. 온 세상에서 활동하시는 하나님의 활동의 전체를 이해하지 못하고는 온전한 신학은 불가능하다. 전통적 신학은 그리스도 중심적 신학이었다. 신학이 그리스도 중심적인 성격을 띠는 것은 매우 긍정적이다. 왜냐하면 예수 그리스도 안에 온전한 하나님의 계시가 나타났기 때문이다.[13] 예수 그리스도의 부활은 예수 그리스도 사건의 궁극성을 의미한다. 그런 까닭에 신학은 철저히 그리스도 중심적인 성격을 띠어야 하고 그리스도를 떠난 종교 신학은 매우 위험하다. 온 신학은 그리스도 중심적의 전통적 신학의 계시론을 매우 중요하게 생각하고 이를 계승하는 신학이다.

그러나 전통적 신학의 약점은 성령론적 차원의 중요성을 간과하는데 있다. 성령은 독일에서는 베를린(Berlin) 장벽을 허물고 동서 냉전의 역사에 종지부를 찍고 평화를 세우셨고, 남아프리카 공화국에서는 넬슨 만델라(Nelson Mandela)와 함께 인종 차별의 역사에 종지부를 찍고, 남아프리카 공화국의 새 역사를 여셨고, 한국에서는 세계에서 가장 처참했던 백성들을 가난에서 해방시켰을 뿐만 아니라 군사 독재의 억압의 사슬을 끊고 민주 대한민국을 세우신 엄청난 일을 하셨다. 신학이 성서 시대의 이야기만 반복하면 성령의 활동의

---

13) 바르트에 의하면 예수 그리스도는 '하나님의 자기 계시'(Selbstoffenbarung Gottes)이다. 바르트는 이 하나님의 자기계시 개념에 근거해서 그리스도 중심적 신학을 발전시켰다.

폭넓음과 풍요로움을 상실하기 쉽다. 지금도 한국에서는 근본주의 신학의 영향권에 있는 설교자들이 의도적으로 설교에서 성경 이야기만 반복하는 경우가 매우 많다. 또한 성경 이야기만 반복하는 것을 설교의 권위이자 순수함으로 자랑하고 있다. 이는 세계 역사 속에 나타나는 성령의 활동의 엄청난 사건들을 간과하는 큰 오류이다. 온 신학은 하나님의 계시의 그리스도론적인 궁극성과 함께 세계를 구원하시는 성령의 활동의 다양성과 풍요로움을 신학의 대상으로 삼고 있는 신학이다. 특별히 오늘날 제3세계의 그리스도인들은 제1세계의 그리스도인들과는 다른 다양한 성령의 경험 속에서 살아가고 있다. 그들의 경험 가운데 많은 것들은 제1세계의 그리스도인들이 이해하기 어려운 것들도 많다. 온 신학은 전 세계의 그리스도인들이 경험하는 다양한 성령의 활동에 크게 열려 있는 신학이다. 그리고 세계 역사를 구원하고자 하시는 성령의 활동에 끊임없이 주목하는 신학이다.

신학은 남한과 북한의 평화통일에 관해서도, 시리아의 내전으로 처참해진 시리아의 평화에 관해서도, 신자유주의 경제로 말미암은 경제위기와 제3세계의 비극을 극복하는 길에 관해서도, 복음 전도의 길이 막힌 이슬람 세계의 문제를 해결하는 길에 대해서도, 쓰나미와

자연재해로 비극이 깊어지는 환경적 재앙의 극복의 길에 대해서도 분명한 답을 해야 한다. 왜냐하면 하나님께서 온 세상, 온 우주의 신이시고, 그 비극의 현장 속에서 일하고 계시기 때문이다. 온 신학은 온 세상의 문제를 신학의 주제로 삼는 신학이다. 여성신학, 흑인신학, 사회주의 신학, 민중신학, 환경신학 등은 특정 문제가 신학의 중심이 되는 신학이다. 그런 까닭에 신학적 주제에 매우 편협성을 지니고 있다.[14] 온 신학은 특정 주제만을 연구하는 신학이 아니다. 온 세상의 모든 문제가 신학의 중요한 주제들이다. 특정 주제만을 중요하게 생각하는 신학은 특정 주제에 대한 강조로 말미암아 다른 문제에 오히려 큰 피해를 주는 신학적 결론을 내기 쉽다. 예를 들면 환경 신학이 강조되면 제3세계의 가난한 나라들은 더욱 피해를 받는다. 제3세계의 가난한 나라들은 선진국이 요구하는 그 많은 환경 규제를 감당할 힘이 없다. 온 신학이 중요한 이유는 이 모든 것들이 균형 있게 발전되어야 하기 때문이다. 아무리 중요한 것도 균형을 잃어버리면 엄청난 피해를 일으키고, 결과는 파괴적이다. 온 신학은 온 세상의 문제를 다루

---

14) 몰트만이 '정치신학'(Politische Theologie)을 주창할 때 세계를 움직이는 중심에 정치가 있기 때문에 정치신학이라고 칭한다는 표현은 온 신학적 시각과 유사한 시각이다. 온 세계의 문제가 신학의 중요 주제인데 온 세계의 문제가 정치와 깊이 연루되어 있기 때문에 정치신학이라는 표현을 사용했다는 의미이기 때문에 내용상 온 신학적 시각과 맥을 같이 하고 있다고 볼 수 있다.

지만 그 모든 것들을 균형 있게 다루어서 참된 평화와
생명의 세계를 만들어 내려고 하는 신학이다.

온 신학의 목적

유럽의 신학자들은 일반적으로 제3세계의 신학을
수준 낮은 신학으로 평가하든지 아니면 지역적 특성을
갖는 신학으로 생각한다. 이 말의 뜻은 제3세계의 신학
이 그 지역에서는 도움이 되는 신학일지 모르지만 유럽
의 높은 신학에 본격적인 영향을 미칠 수 있는 그런 수
준의 신학이라고 생각지 않는다는 말이다. 간단히 얘기
하면 유럽의 신학자들의 눈에는 유럽의 신학은 높은 신
학이고 제3세계의 신학은 낮은 신학이다.

오늘날 유럽의 교회들은 쇠퇴하고 있지만 아시아
와 아프리카의 교회들은 빠른 속도로 성장하고 있다.
아시아와 아프리카의 그리스도인들은 다양한 성령의
활동의 경험 속에 있고 성령께서 일으키시는 놀라운 기
적과 구원을 경험하고 있다. 아시아와 아프리카의 그리
스도인들은 출애굽의 역사와 같은 구원의 역사를 경험
하고 있고, 예수 부활과 같은 역사 속에서 일어날 수 없
을 것 같은 엄청난 성령의 역사를 경험하고 있다. 온 신

학은 유럽의 신학의 온전함에 회의를 갖고 있다. 온 신학은 유럽의 신학이 계몽주의 이성의 틀에 너무 많이 묶여서 하나님의 초월적 활동을 제대로 파악하는데 실패하고 있지 않나 의심하고 있다. 부활의 역사성을 부정한다든지, 예수 부활을 실존적 차원이나 신앙의 차원에서만 언급하려 한다든지, 성경 인물의 초월적인 하나님의 놀라운 구원의 경험을 역사의 차원에서 일어난 일이 아니라고 규정한다든지 하는 일들이 정말 바른 신학적 결론인지 의심하고 있다. 왜냐하면 아시아와 아프리카의 그리스도인들은 자신의 삶과 역사 속에서 죽은 예수를 살리신 하나님의 놀라움을 성령의 활동을 통해 직접 체험하고 있기 때문이다.

그렇다고 온 신학이 성서비평학의 학문적 가치와 공헌을 부정하는 신학으로 오해하면 안된다. 온 신학은 유럽 신학의 높은 학문적 업적을 높이 평가한다. 그럼에도 불구하고 온 신학은 유럽 신학이 갖고 있는 학문적 결함을 심각하게 인식하는 신학이다. 온 신학의 목적은 유럽의 신학을 능가하는 높은 신학을 추구하는 것이고, 결함이 없는 온전한 신학에 도달하려 하는 신학이다.

온 신학은 유럽의 신학과 미국의 신학, 아시아의 신학, 라틴 아메리카의 신학과 아프리카의 신학 등 세계의 신학과 깊이 대화하며 온전한 신학에 이르려는 신학이다. 온 신학은 본질적으로 대화적이다. 왜냐하면 열린 자세가 없이는 신학적 온전함에 도달하기 어렵기 때문이다. 온 신학은 한국에서 발전되고 있는 신학이지만 세계에 기여되기를 원하는 신학이다. 온 신학은 특정지역, 곧 한국에서 발전된 신학적 특징을 갖고 있는 것은 사실이지만, 목적은 온 세계를 향한 하나님의 활동을 정확히 설명하고자 하는 신학이다. 그런 까닭에 온 신학은 세계를 위한 신학이다. 온 신학은 유럽의 신학을 계승하면서 더욱 발전시키려고 하는 신학이다. 유럽 신학의 한계를 유럽 신학자들이 아는 것이 쉽지 않기 때문에 이를 느끼고 있는 한국의 신학자들이 더욱 온전한 신학을 구현하려는 신학이 온 신학이다. 20세기 후반에 등장한 라틴 아메리카의 해방 신학은 상당 부분 유럽과 미국의 신학에 도전이었을 것이다. 그런데 이 해방 신학은 주로 실천적인 영역, 윤리적인 영역에서의 충격이었다. 그런데 온 신학은 실천적인 영역뿐만 아니라 성서학과 조직 신학 등 신학 본연의 영역의 온전함을 추구하는 신학이다. 이렇게 온전함을 추구하는 이유는 전 세계 교회를 살리고, 또한 전 세계 역사를 살리기 위함이다. 온전하지 않는 신학은 교회를 약화시키고 세계 역사에 바른 기능을 하기 어렵다. 유럽의 신학을 배워오면 학문은 높을지 모르지만 교회는 약해지고 죽게 된다는 한국 교회 내에 오늘날 강하게 존재하는 비판을 유럽의 신학자들은 유념할 필요가 있다. 온 신학은 높은 학문적 신학을 추구할 뿐만 아니라 교회를 살아있게 만들려는 신학이다. 온 신학은 참으로 높은 학문적 신학은 성령의 활동을 바르게 파악할 것이고, 이렇게 바르게 파악된 신학은 교회뿐만 아니라 세계 역사까지도 결정적으로 새롭게 만들 것이라고 믿는 신학이다.

온 신학의 특징

삼위일체 신학

삼위일체론은 온 신학의 핵심이자 근거이다. 한국의 민중신학의 큰 문제점은 삼위일체론의 결여이다. 온 신학은 민중신학이 한국의 역사 발전과 민주화에 기여한 공로를 인정한다. 그리고 민중의 자각과 민중의 주체성에 대한 강조 역시 귀중한 신학적 유산으로 생각한다. 그러나 예수 그리스도의 성자됨에 대한 인식의 부족 및 속죄론의 결여는 민중신학의 심각한 문제점으로 생각한다.[15] 예수의 성자됨의 중요성을 알지 못하든지 속죄론이 없는 신학은 심각한 신학적 문제점이다. 이런 특징의 신학이 결함이 고쳐지지 않고 퍼져 나가는 것은 궁극적으로는 교회의 존립이 위태로운 것이고, 신학에서 은총의 신학이 사라지고 인간의 행동의 신학만이 남을 위험성이 있다.

한국의 민중신학이 '기(氣)가 성령이다'라고 주장하는 것도 매우 위험하다. 성령께서 만유 속에 역사하신다는 말과 '기가 성령이다'라는 말은 큰 차이가 있다. 기가 성령이라는 말은 성령과 피조물의 질적 차이를 제대로 인식하지 못하는 엄청난 위험이 있다. 성령과 만물의 생기는 하늘과 땅 만큼 큰 차이가 있다. 성령께서는 만물의 생기를 유지시키는 힘이자 능력이지만 만물의 생기가 성령은 아니다. 민중신학의 이와 같은 참담한 오해는 민중신학자들의 다수가 삼위일체론을 믿지 않기 때문이다.

오늘의 세계 신학의 큰 위험중의 하나는 삼위일체론이 결여된 신학을 많은 신학자들이 전개하고 있는데 있다. 20세기에 삼위일체론은 칼 바르트와 위르겐 몰트만을 통해 세계 신학계에 크게 복구되었지만 그럼에도 불구하고 세계의 신학 속에 삼위일체론이 결여된 신

---

15) 서남동, "민중(씨알)은 누구인가," 『민중신학의 탐구』 217-218. 서남동의 민중 메시아 개념은 민중의 주체성에 대한 강조가 지나쳐서 예수 그리스도의 유일한 메시아 되심이 희생되는 결과를 초래했다.

학은 너무나 광범위하게 존재하고 있다. 종교다원주의 (Religions Pluralism) 신학은 거의 예외 없이 삼위일체론이 결여되어 있다. 과정 신학(Process Theology) 역시 삼위일체 신학과는 상당한 간격이 있다.

온 신학은 삼위일체론을 중요하게 생각하고 예수 그리스도의 속죄적 죽음의 중요성을 강조한다. 예수 그리스도의 죽음의 대속적 성격은 철저히 예수 그리스도의 성자됨과 관련되어 있다. 삼위일체론이 사라지면 속죄론은 동시에 사라진다. 이는 신학의 터전이 무너지는 것으로 세계 신학이 정신 차리고 파수해야 하는 바른 신학의 결정적 보루이다. 민중신학자 안병무가 속죄론은 역사의 예수에 근거될 수 없는 바울의 창작물로 설명한 것은 온 신학이 결코 받아들일 수 없는 그릇된 주장이다. 안병무의 이와 같은 주장 배후에는 자유주의 신학의 긴 전통과 바울과 예수를 극단적으로 구분한 하르낙(Adolf von Harnack) 이후의 유럽 신학의 전통이 있을 것이다. 온 신학은 이와 같은 잘못된 신학의 전통을 바로 잡으려 하는 신학이다.

하나님의 주권과 은총의 신학

　　이종성의 통전적 신학은 하나님이 온 세상의 주이심에 대한 신앙에서 출발하고 있다. 그런 까닭에 온 세상 속에는 하나님의 통치와 연관된 흔적들이 존재하고 있고, 이를 예수 그리스도의 계시의 빛에서 밝혀내는 것이 통전적 신학의 중요한 과제이다. 이종성에 의하면 세계 역사 속에, 또한 세계 종교 속에까지 하나님의 통치의 흔적들은 존재한다. 이종성에 의하면 하나님은 세상 속에서 유일무이한 절대자이시다. 이와 같은 이종성의 하나님의 주권의 신학은 상당부분 칼빈주의 신학에서 전래된 것이다.

　　이종성의 통전적 신학이 하나님의 절대성을 강조하고 하나님의 역사의 주이심을 강조했다면, 온 신학은 아우슈비츠(Auschwitz)의 비극과 예수 그리스도의 십자가 죽음 속에 나타난 하나님의 고난의 계시의 중요성을 함께 생각하는 신학이다. 온 신학은 하나님의 전능하심과 무능하심을 함께 생각한다. 이종성의 통전적 신학이 하나님께서 온 세상의 통치자이심을 강조했다면 온 신학은 그것과 더불어 어떤 형태의 통치자이신지를 깊이 숙고하는 신학이다. 여기에 이종성의 통전적 신학과 온 신학 사이에 약간의 차이점이 있다.

온 신학은 세계 역사가 하나님의 간접적 자기계시라는 판넨베르크(W. Pannenberg)의 역사이해에 동의하지 않는다. 세계 역사는 그렇게 단순하지 않다. 세계 역사의 한 복판에 십자가가 서 있다는 것을 우리는 유념해야 한다. 온 신학은 하나님께서 인간을 창조하신 그 순간에 이미 십자가의 고난을 각오하셨다고 믿는다. 왜냐하면 자유를 가진 인간의 창조는 죄로 물든 역사의 탄생을 필연적으로 예고하고 있기 때문이다. 죄로 물든 인간의 역사는 심판으로 귀결될 수밖에 없다. 그런데 인간의 창조가 인간의 심판으로 귀결된다면 인간의 창조는 무슨 의미가 있을까?

온 신학은 하나님께서 인간을 창조하신 것이 어마어마한 하나님의 은총의 역사의 시작이라고 생각한다. 하나님께서 인간에게 자유를 부여하심은 인간을 살리기 위한 하나님의 죽음에 대한 각오가 동반하고 있기 때문이다. 온 신학은 하나님의 은총의 승리의 신학을 얘기하려는 신학이지 율법적인 하나님의 심판의 통치를 얘기하려는 신학이 아니다. 세상을 창조하시고 통치하시는 하나님의 주권은 율법적 성격의 정의로운 신의 통치가 아니다. 그것은 어마어마한 사랑과 은총의 물결의 승리를 얘기하는 신의 통치이다.

세계역사를 움직이는 주체는 하나가 아니다. 온

신학은 크게 네 주체가 있다고 생각한다. 첫째는 역사의 주이신 하나님이다. 하나님 외에 다른 역사의 주체가 있는 것은 하나님께서 이를 허용하셨기 때문이다.[16] 하나님께서 이를 허용하신 이유는 진정한 하나님의 영광의 세계는 자유로운 피조물의 감사와 기쁨이 동반되어야 하기 때문이다. 그러나 하나님 외에 다른 역사의 주체를 하나님과 경쟁적 차원의 주체로 생각하면 안된다. 둘째는 그 하나님으로부터 자유를 부여받은 인간이다. 셋째 온 신학은 자연과 모든 피조물들도 역사의 하나의 주체라고 생각한다. 모든 피조물도 인간과 마찬가지로 자유를 지니고 있다. 기후 변화나 지각 변동 속에서 피조물에게 부여된 어떤 자유와 관련된 연결점이 있다. 인간의 자유와 피조물의 자유는 엄청난 아름다운 세계를 만들 개연성이 있지만 동시에 엄청난 비극을 만들 가능성을 내포하고 있다. 역사의 네 번째 주체는 마귀이다. 유럽의 신학자들 중 상당수는 마귀에 대해 언급하는 것을 주저하겠지만 온 신학은 마귀에 대한 깊은 인식이 없는 신학은 바른 신학이 아니라고 생각한다. 마귀는 자신에게 부여된 자유를 오용하는 대표적인 파괴적인 존재이다.

---

16) 온 신학은 창조를 하나님의 '자기제한'(Selbstzurücknahme Gottes)으로 이해한 몰트만의 이해에 긍정성을 갖고 있다. 왜냐하면 인간과 피조물의 자유는 하나님의 전능성의 제한과 동반하기 때문이다.

하나님께서 인간에게 자유를 부여하신 것은 엄청 난 은총이었다. 그런데 이 은총이 인간의 타락과 역사 의 비극으로 나타나고 있는 것이다. 하나님을 이 세계 의 절대적 통치자로만 생각하면 아우슈비츠의 비극의 궁극적 원인은 하나님으로 귀착되고 하나님이 범죄의 원인이 된다. 온 신학은 하나님의 통치는 철저히 사랑 과 은총의 통치이지 운명의 회오리바람을 만드는 천상 의 통치자의 통치 개념을 반대하는 신학이다. 세상의 비극은 피조물과 연관되어 있지 결코 하나님과 연관되 어 있는 것은 아니다.

　　역사 속에는 마귀의 활동이 있고 인간과 피조물에 의해 만들어지는 수많은 비극들이 있다. 그러면 하나님 의 통치와 주권은 무슨 의미가 있을까? 온 신학은 '예 수 그리스도께서 구원자이시다'라는 대명제를 중요하 게 생각한다. 하나님께서는 세상의 모든 비극과 고통을 스스로 감당하시면서 인간과 세상을 살리시는 상상을 초월하는 어마어마한 구원의 역사를 시작하신 것이다. 이것은 어마어마한 사랑과 은총의 역사이다. 신의 명령 에 복종하는 로봇으로 구성된 세계를 통치하는 것은 쉬 울 것이다. 그러나 자유가 부여된 세계는 매우 위험하 고 엄청난 죄악과 비극을 동반한다. 하나님은 세상을 창조하실 때 이미 이 비극을 알고 계셨고, 그 비극 속에 함께 계시길 결정하셨고, 엄청난 고난을 인내하시기로 작정하셨고, 그 깊고 깊은 사랑과 은총으로 세상과 인간을 살리기로 작정하셨다.

온 신학은 통전적 신학의 전통을 이어받아 하나님께서 역사의 주이시다고 생각한다. 그런데 역사의 주이신 하나님의 통치는 어마어마한 은총과 사랑의 통치이다. 이 은총과 사랑의 통치는 인간과 세상이 만들어가는 세상 역사를 구원하는 역사로 새로운 역사이다. 그것은 어둠 속에서 빛이 동터 오르는 것처럼 희망과 기쁨의 시대가 도래하는 역사이다. 민중신학이 민중이 역사를 구원할 것이라는 역사관을 피력했는데 이는 잘못이다. 역사를 참으로 구원하는 분은 하나님이시지 민중이 아니다. 마르크스주의 운동에서 볼 수 있듯이 프롤레타리아가 역사의 주이라는 구호도 잘못이다. 참으로 새로운 역사를 만드는 분은 하나님이시고 민중이나 프롤레타리아는 이 하나님에 의해 사로잡히고 사용되는 한에 있어서 새 역사를 만드는 제2의 주체자로 볼 수 있다.

온전한 복음(The whole Gospel)

예수 그리스도 외에 다른 생명의 주는 없다. 이것은 온 신학의 신학적 대주제이다. 예수 그리스도 외에 다른 생명의 주가 없는 이유는 예수 그리스도의 부활과 깊이 관련되어 있다. 예수 그리스도 외에 죽음을 깨뜨리고 부활한 존재는 없다. 인간과 세상을 뒤덮는 최대의 원수인 죽음은 오직 예수 그리스도를 통해서만 부서졌다. 예수 그리스도는 성자이시고 하나님의 궁극적 계시이시고 예수 그리스도 안에 인간과 세상의 참 소망이 존재한다.

아시아에 여러 중요한 종교가 있다고 해서 아시아 신학은 다양한 종교의 가능성을 열 것이라고 생각하는 것은 잘못이다. 종교다원주의로 가는 아시아 신학은 온전한 신학이 아니다. 유럽과 미국의 신학자들이 기독교 제국주의의 오명을 벗기 위해 아시아 종교의 가능성을 여는 친절을 베푼 것은 생명의 주를 제대로 알지 못하는 잘못이다. 이런 잘못이 오늘날 세계 신학과 세계교회의 상당부분을 잠식하고 있기 때문에 복음의 선교는 힘을 잃고 약화되고 있다. 아시아와 아프리카의 성장하는 교회들은 거의 예외 없이 예수 그리스도 외에 다른 생명의 주가 없다는 신념을 갖고 있다. 기독교 선교를 타종교와 대화로 바꾸는 것은 선교에 대한 크나큰 위기이다.

복음은 예수 그리스도이시고 예수 그리스도 외에 다른 복음은 없다! 예수 그리스도 외에 다른 복음을 첨가하는 것은 이미 온전한 복음이 아니다. 그것은 복음의 심각한 변질이다. 종교 간의 평화를 위한 노력과 선교를 위한 노력을 혼동하면 안된다. 타종교에 많은 선한 것들이 있다 할지라도 타종교가 구원의 길일 수 있다고 단정하는 것은 매우 위험한 단견이다. 온 신학은 오늘날 세계 신학 속에 이와 같은 단견이 유행하는 것을 매우 우려하고 있다. 아시아에서 아시아 종교들을 경험하면서 살아온 아시아의 그리스도인들은 대다수 예수 그리스도 외에 다른 생명의 주가 없다는 확신을 더 깊이 갖고 있다.

온전한 복음은 예수 그리스도 안에 계시되어 있다. 이 복음은 너무나도 놀라운 복음이고 세상에 존재하지 않았던 놀라운 기쁜 소식이다. 그것은 인간과 세상을 구원하지 못하는 가짜 신에 대한 이야기가 아니고 참으로 인간과 세상을 구원하는 구원자에 대한 이야기이다. 그 복음은 놀라운 능력으로 현존하고 있고, 인간과 세상을 참으로 살리고 기쁨의 세계를 만들고 있다. 아시아의 그리스도인들은 가짜 신에 대한 이야기를 너무 많이 들었고, 또 너무 많이 절망했다. 그 가짜 신을 다시 찾아내어 진짜 신의 옷을 입히는 수많은 서구의 신학자들에 대해 아시아 그리스도인들은 크게 실망하고 있다. 온전한 복음은 예수 그리스도 안에 있고, 예수 그리스도만이 단 한 분 생명의 주이시다.

그런데 예수 그리스도의 복음을 영혼의 구원을 위한 복음으로 축소시킨 박형룡 계열의 근본주의 신학에 대해 온 신학은 크게 비판한다. 예수 그리스도의 복음은 영혼을 살리는 영혼만의 복음이 아니다. 복음서를 읽어보라! 예수그리스도는 병자들을 실제로 고치신 분으로, 소경과 나병 환자들의 진정한 구원자이셨다. 예수 그리스도의 복음은 영혼만이 아니라 육체도 사망의 세력에서 구원하는 복음이다. 조용기의 삼중축복의 신학은 이점에 있어서는 박형룡의 근본주의 신학보다 더 복음적이고, 온 신학을 향해 진일보한 신학이다. 그러나 삼중축복의 신학이 정의와 평화의 세계를 향한 예수 그리스도의 메시아적 사역에 대한 이해가 없었던 것은 큰 약점이다. 예수 그리스도의 복음은 인간을 육체의 고통에서만 해방시키는 복음이 아니다. 세상을 지배하는 마귀의 지배를 부수고 하나님의 의와 생명과 평화의 세계를 만드는 복음이다. 정의와 평화와 생명은 메시아 왕국의 상징적 개념이다. 온전한 복음은 하나님 나라의 오심과 구현에 관한 복음이다. 그것은 하나님의 의와 평화와 생명이 인간의 육체뿐만 아니라 온 세상에, 그리고 모든 피조 세계에까지 깃드는 참으로 기쁜 세계를 향한 복음이다. 죽음도 없어지고 영원한 생명과 영원한 기쁨이 온 세상에 충만하게 되는 세상을 향한 복음이 온전한 복음이다. 그런데 이 세계는 힘없는 가짜 신이 만드는 세계가 아니다. 오직 죽음을 깨뜨리고 부활하신 진정한 생명의 주이신 예수 그리스도를 통해 만들어지는 세계이다.

하나님 나라를 위한 신학

온 신학은 예수 그리스도의 복음전파와 하나님 나라 구현을 위한 신학이다. 앞의 온전한 복음에 관한 항목에서 예수 그리스도의 복음에 대한 언급을 이미 했다. 그러면 하나님 나라를 위한 신학이란 무엇일까?

온 신학은 성경이 언급하는 하나님 나라에 대한 가르침은 두 가지라고 생각한다. 첫째는 하늘에 있는 하나님 나라이다. 이 하늘에 있는 하나님 나라는 현재 하나님께서 거하시고 계신 곳이다. 예수 그리스도를 믿고 죽은 자들이 역사의 마지막 날까지 머물러 있는 곳도 하늘에 있는 하나님 나라로 추정된다. 박형룡의 영혼의 신학은 전도를 통해 영혼을 구원해서 이 하나님 나라로 보내는 것에 초점을 둔 신학이었다.

그런데 성경 속에는 또 다른 개념의 하나님 나라가 있다. 이 하나님 나라는 역사의 미래에 지상에 건설될 하나님 나라이다. 박형룡의 영혼의 신학은 이 하나님 나라에 대해 매우 부정적이었다. 왜냐하면 박형룡은 역사가 발전해서 유토피아의 세계가 오고 하나님 나라가 건설된다는 사상을 자유주의 신학의 오류로 단정했기 때문이다. 박형룡은 역사는 자꾸 나빠져서 결국 세상은 마귀가 지배하는 세상이 된다는 역사에 대한 비관주의를 갖고 있었다. 박형룡은 이 역사에 대한 비관주의를 정통주의 신학의 역사관으로 한국에 가르쳤다.

그런데 박형룡의 역사관을 가르치게 되면 교회는 심각한 문제에 빠진다. 그 심각한 문제는 교회의 사회적, 정치적 책임이 근본적으로 무너질 가능성이 있기 때문이다. 이 세계 역사가 자꾸 나빠지고 결국 마귀가 지배하는 세상이 되도록 규정되어 있다면 세계 역사를 개혁하기 위한 노력은 큰 의미를 지닐 수 없게 된다. 박형룡의 근본주의신학은 교회가 영혼을 구원하는 구원의 방주의 기능을 하도록 만들었지, 역사를 개혁하는 교회로 만드는 데는 근본적으로 불가능한 신학이었다. 이는 한국의 역사 속에 그대로 나타났다. 한국의 군사

독재와 민주화 투쟁의 시기에 박형룡의 영향을 받은 교회에서 군사독재에 저항한 민주 인사들은 거의 나오지 않았다. 박형룡의 근본주의 신학은 영혼구원을 위한 전도에 열심인 성도들은 길러냈지만 정의와 평화를 수립하기 위해 세상에서 일하는 성도들을 길러내지 못했다. 넬슨 만델라(Nelson Mandela)나 마르틴 루터 킹(Martin Luther King Jr.)과 같은 하나님 나라를 위한 인재는 길러낼 수 없었다.

　한국에서 하나님 나라 신학의 본격적인 발전은 위르겐 몰트만의 신학적 영향과 깊이 관련되어 있다. 몰트만의 희망의 신학, 정치신학, 평화신학 등은 한국의 많은 신학자들과 교회에 영향을 미쳤고 온 신학의 발전에도 크게 영향을 미쳤다. 몰트만의 신학은 처음에는 한국의 민중신학의 발전에 영향을 미쳤다. 한국의 민중신학은 몰트만의 신학과 함께 발전했고, 이 과정에서 많은 민중신학자들은 몰트만과 친구가 되었다. 그런데 한국의 민중신학과 몰트만의 신학은 상당한 차이가 있다. 그 중요한 차이는 민중신학 속에는 삼위일체론이 없고, 속죄론이 없고, 민중의 자기 구원론(Selfsalvation of Minjung)이 있다는 점 등이다. 그러나 민중신학자들은 교회의 정치적 책임과 하나님 나라 구현을 위한 교회의 사명에 대한 신학적 인식은 몰트만에게서 많은 영향을 받았다.

몰트만의 신학은 조용기의 삼중축복의 신학에도 영향을 미쳤다. 몰트만의 민중신학에 대한 영향은 이미 1970년대부터 나타나는데, 조용기의 신학에 대한 몰트만의 영향은 1990년대 후반부터 시작되었다. 조용기는 여러 차례 몰트만과의 만남을 통해 자신의 신학이 너무 개인적 차원으로 협소화된 신학이라는 것을 인식하게 되었다. 조용기와 몰트만은 모두 하나님의 구원이 영혼에만 미치지 않고 구체적 삶 속에, 육체 속에 나타난다는 점에 신학적 일치가 있었다. 그러나 조용기는 몰트만을 만날 때까지는 하나님의 구원의 사회적 정치적 차원을 잘 알지 못했다. 2005년 조용기가 자신의 목회방침으로 정의와 평화와 창조의 보전을 공식적으로 선포한 것은 조용기 신학의 발전이자 한국의 오순절주의 교회의 큰 신학적 변화를 알리는 순간이었다.

몰트만의 하나님 나라 신학은 한국 장로교 통합측에도 깊은 영향을 미쳤는데, 1985년 장로회신학대학교 교수회가 선언한 신학성명 속에 이미 몰트만의 하나님 나라 신학이 나타나기 시작했고, 2001년에 발표된 장로회신학대학교의 신학교육성명 속에는 매우 구체적으로 자세히 기술되어 나타나고 있다. 1985년의 신학성명과 2001년의 신학교육성명은 장로회신학대학교 내에 발전된 온 신학이 하나님 나라를 위한 신학이라는 것을 극명하게 잘 드러내고 있다. 2003년에 발표된 한국장로교 통합측의 21세기 신앙고백서 역시 몰트만의 하나님 나라 신학의 영향을 깊이 느낄 수 있는 신앙고백서이다.

온 신학은 하나님 나라를 위한 신학이다. 그런데 온 신학의 하나님 나라 사상은 19세기 자유주의 신학의 하나님 나라 사상과는 많은 차이가 있다. 온 신학은 역사가 발전해서 유토피아의 세계가 온다는 역사에 대한 낙관주의를 옳은 역사관으로 생각지 않는다. 온 신학은 마귀의 활동과 이에 상응하는 인간의 죄악으로 말미암을 역사의 비극의 가능성을 잘 알고 있다. 역사가 파국에 직면할 가능성도 있다는 것을 잘 알고 있다. 그럼에도 불구하고 온 신학은 역사에 대해 희망을 선포하는 신학이다. 역사에 희망이 있는 것은 마귀가 아무리 강하다 할지라도, 인간의 죄악이 아무리 깊다 할지라도, 주님께서 더 강하시고 마침내 이 역사 속에 주님의 승리가 나타날 것이라고 믿기 때문이다. 온 신학은 역사에 대한 비관주의나 역사에 대한 낙관주의 모두를 바람직한 역사관으로 생각지 않는다. 온 신학은 성령에 의한 새 세계에 대한 희망을 선포하는 신학이다. 온 신학은 하나님 나라는 성령에 의해 건설되고 교회는 이 하

나님 나라를 향한 메시아적 공동체라는 것을 선포하는
신학이다.

대화적 신학

온 신학은 온전한 진리에 도달하고자 하는 신학이
다. 온전한 진리에 도달하기 위해서는 폭넓은 신학적,
사상적 대화가 절실히 필요하다고 생각하는 신학이 온
신학이다. 타 학문이나 타 종교와의 대화도 매우 중요
하다고 생각한다. 이 대화의 폭이 넓을수록 더 온전한
진리에 가깝게 도달할 수 있다고 생각하는 신학이 온
신학이다.

온 신학은 신학의 성령론적 차원을 깊이 인식하고
있는 신학이다. 세계의 다양한 신학들은 성령에 의해
촉발되고 만들어지고 있는 신학들이다. 다양한 신학의
배후에는 성령의 활동이 깊이 존재할 가능성이 많다.
그런 까닭에 폭넓은 신학적 대화는 성령의 폭넓은 활동
을 이해할 가능성을 넓혀준다. 현요한이 쓴 『성령 그 다
양한 얼굴』은 자신의 전통에 갇혀 한 가지 성령론 밖에
이해하지 못하는 좁은 편견을 가진 교회와 신학에 대해
큰 교훈을 주는 책이다.[17] 현요한은 본체론적 성령론,

성례주의적 성령론, 주지주의적 성령론, 주의주의적 성령론, 강점주의적 성령론, 권능주의적 성령론 등 세계의 다양한 성령론을 언급하면서 통전적인 온전한 성령론을 설명하고 있다. 방언을 하지 못하면 성령세례 받지 못한 사람이라고 주장했던 지난날의 오순절주의 교회의 주장은 현요한의 글을 읽으면 자신의 편협성을 알고 되고 타 교회에 대한 중요성과 존경심을 느끼게 된다. 이런 의미에서 온 신학은 참으로 에큐메니칼적인 신학이고 교회를 하나 되게 만드는 신학이고, 온전한 신학으로 가는 길을 여는 신학이다.

온 신학은 현재 자신의 신학을 절대적이라고 생각지 않는다. 끊임없이 개혁하는 교회가 개혁파교회의 정신이라면 온 신학 역시 끊임없이 개혁하는 신학이다. 온 신학은 통전적 신학의 제창자인 이종성의 신학에 묶여있는 신학이 아니다. 또한 한국의 온 신학 발전에 큰 영향을 끼친 위르겐 몰트만의 신학에도 묶여 있는 신학이 아니다. 온 신학은 전 세계적 대화를 향해 열려 있는 신학이고 온전한 진리를 향해 이끄시는 성령의 활동에 복종하는 신학이다.

유럽의 루터파 교회는 아욱스부르크(Augusburg)

---

17) 현요한, 『성령 그 다양한 얼굴』(서울: 장로회신학대학교 출판부, 1998), 현요한은 이 책에서 하나의 통전적 패러다임을 향하여 라는 부제를 붙였다.

신앙고백서에 묶여서 새로운 변화에 대해 매우 느리다. 한국의 상당수의 보수장로교회 역시 웨스트민스터 (Westminster) 신앙고백서를 거의 절대화 하면서 다른 신학사상을 정죄하기 바쁘다. 이런 교회들은 성령께서 행하시는 새로운 신학적 활동을 제대로 인식하지 못하는 교회들이다. 온 신학은 세계의 수많은 교회들이 자신들의 좁은 신학 전통의 우물 속에 갇혀서 지금 이곳에서 말씀하시는 하나님의 말씀을 듣는데 실패하고 있는 것을 안타깝게 생각한다. 온 신학은 본질적으로 개방적이고 대화적이고 지금 여기에서 말씀하시는 하나님의 말씀을 찾아가는 성령론적 신학이다.

온 신학은 성경에 매여서 성경시대의 문화를 절대화하는 근본주의 신학에 대해 비판적이다. 근본주의 신학은 매우 시대착오적인 가르침을 하나님의 말씀으로 착각하며 가르친다. 근본주의 신학은 성경에 묶여서 신학의 성령론적 차원을 거의 인식하지 못한다. 여성목사, 여성장로를 거부하는 한국의 근본주의 교회들은 성경시대를 절대화하면서 이 편협한 우물 속에 갇혀 오늘날 활동하시는 성령의 활동을 전혀 알아내지 못하고 있다. 온 신학은 한편으로는 예수 그리스도 계시의 절대성을 중요하게 생각하지만 다른 한 편으로는 지금 여기에서 활동하시는 성령의 다양한 활동에도 크게 열려있는 신학이다. 온 신학은 오늘날 성령께서는 여성목사를 세워서 큰 일을 행하시길 원하신다는 것을 잘 알고 있다. 노예 해방, 여성 해방 등은 모두 성령의 활동과 깊이 연계되어 있는 귀중한 성령의 역사들이다.

온 신학이 대화적 신학이라는 말은 세계의 다양한 신학과의 대화만 의미하는 것이 아니다. 타 종교와 타 사상 및 자연과학과의 대화도 귀중하고, 세계 역사와도 깊이 대화한다는 뜻이다. 온 신학은 온이란 말의 의미하는 그대로 온 세상이 신학의 대상이고 그 온 세상에서 활동하고 계시는 성령의 활동이 신학의 매우 중요한 대상이라는 것을 가르치는 신학이다. 그리고 이 온 세상을 하나님 나라로 바꾸기 위한 성령의 길이 무엇인지를 찾는 신학이 온 신학이다.

기도의 신학

온 신학은 기도의 중요성을 가르치는 신학이다. 온 신학이 민중신학의 민중의 자체 구원론에 대해 비판적인 것은 민중의 자각과 활동에 대해 비판적인 것이 아니다. 오히려 그 점은 민중신학의 장점이다. 온 신학이 민중신학에 대해 비판적인 것은 참된 구원자에 대한 인식이 결여되어 있는 점이다. 인간과 세상을 구원하는 분은 하나님이시지 결코 인간 자신이 아니다.

온 신학은 독일의 블룸하르트(Blumhardt) 부자와 칼 바르트의 신학적 유산을 존중한다. 이 신학적 유산을 존중하는 이유는 이 참된 구원자에 대한 인식이 분명하고 목회와 실천에 있어서 기도의 중요성이 철저히 강조되고 있기 때문이다.[18] 세계의 많은 철학적 신학 속에 기도의 중요성에 대한 강조는 찾기 힘들다. 기도의 중요성을 알지 못하는 신학은 아직 온전한 신학이 아니다.[19]

한국의 교회는 기도하면서 성장한 교회이다. 무엇이 한국 교회인가를 물으면 '한국교회는 기도하는 교회이다'라고 답할 수 있다. 한국교회는 세계 어느 교회보다 더 많이 더 열정적으로 기도하는 교회이다. 한국교회 영성의 핵심은 기도에 있다. 한국교회의 새벽기도회는 세계 어느 곳에서도 찾기 어려운 한국교회만의 독특한 특징이다. 한국의 대표적인 대형교회인 명성교회는 새벽기도회로 세계에 명성이 높다. 한국교회는 기도가 역사를 바꾼다고 믿는 교회이다. 한국교회의 신학교는

---

18) 김명용, 『칼 바르트의 신학』(서울: 이레서원, 2011⁴), 55-73.

19) 바르트의 신학은 기도의 중요성이 강조된 신학이다. 바르트에 있어서 "하나님을 찾으라"(시50:15)는 명령은 모든 신적인 명령의 토대이다. K. Barth, *Das Christliche Leben* (Zürich: 1976), 67. 바르트의 윤리학은 기도로 시작되는 윤리학이다. 온 신학은 이와 같은 바르트의 시각을 긍정적으로 평가한다.

기도하면서 수업을 시작하고 매일 수업을 한 시간씩 중
단하고 예배를 드리고 기도한다. 밤을 새워서 기도하는
신학생들도 많다. 소나무를 붙들고 기도하면서 소나무
한그루 정도는 뿌리를 뽑아야지 목회하러 나갈 수 있다
고 믿었던 사람들이 한국의 신학생들이었다. 그리고 이
들이 기도하면서 한국교회를 세계에서 가장 빠른 속도
로 발전시켰다.

온 신학은 인간과 세상의 참된 구원자에 대한 강
조가 그 어떤 신학보다 강한 신학이고 기도의 중요성을
강조하는 신학이다. 기도가 살아있지 않는 교회는 망하
게 된다고 가르치는 신학이 온 신학이다. 온 신학은 사
변적인 신학이 아니고 매우 실천적인 신학이다. 온 신
학은 세상과 역사 속에 활동하는 마귀의 활동의 심각성
을 인식하고 있는 신학이고, 그런 까닭에 깊은 기도 없
이 참된 승리가 불가능하다는 것을 가르치는 신학이다.
"하나님을 찾으라, 그리하면 살리라" 이것이 온 신학의
대주제이다.

사랑의 윤리

하나님 나라를 세우기 위한 예수 그리스도의 길은

사랑과 섬김이었다. "칼을 도로 칼집에 꽂으라. 칼을 가지는 자는 다 칼로 망하는 법이다. 너는 내가 내 아버지께 구하여 지금 열두 군단도 넘는 천사를 보내시게 할 수 없는 줄로 아느냐"(마 26:52-53). 온 신학은 폭력의 힘을 믿지 않는다. 온 신학은 징기스칸이나 알렉산더를 인류의 영웅으로 생각지 않는다. 힘으로 남의 나라를 쳐들어가서 백성을 죽이고 성을 불태우고 한 자들을 세계 역사가들은 영웅으로 칭송할지 모르나 온 신학은 이런 역사관에 대해 매우 회의적이다.

온 신학은 히틀러(A. Hitler)의 역사 속에 마귀의 깊은 활동이 있었다고 생각한다. 전쟁과 살인과 죽음의 역사 뒤에는 마귀가 있다. 마귀는 살인의 영(요 8:44)이고 전쟁과 살인과 민족 이기심의 정치 뒤에는 마귀가 있다.[20]

온 신학은 1980년대 유럽 내에 진행된 평화신학과 평화운동의 역사를 높게 평가한다. 온 신학은 베를린(Berlin) 장벽이 무너지고 동서냉전이 끝장난 놀라운 역사 배후에는 유럽 교회가 발전시킨 위대한 평화 신학이 있었다고 믿는다. 온 신학은 원수 사랑의 정신이 역사를 바꾸고 평화와 생명의 세계를 만든다고 믿는다. 온 신학은 예수께서 걸어가신 길이 원수 사랑의 섬김의

---

20) 김명용, 『현대의 도전과 오늘의 조직신학』(서울: 장로회신학대학교 출판부, 2011), 44-45.

길이었다고 생각한다. 하나님의 나라는 사랑과 섬김으로 건설되는 나라이지 폭력과 전쟁으로 세워지는 나라가 아니다.

온 신학은 개인 윤리와 사회윤리를 구분하고 집단과 집단과의 관계에는 정의의 표준을 적용하고자 하는 세계교회와 신학 속에 널리 퍼진 윤리학은 아직 온전함에 도달한 윤리학으로 생각지 않는다.[21] 온 신학은 집단 사이의 깊은 갈등 역시 사랑을 통해 치유되고 해결된다고 믿는다. 온 신학은 율법에 기초한 윤리학으로는 결코 세상에 평화를 세울 수 없다고 생각한다. 복음적인 윤리학의 시작은 사랑이고, 원수사랑은 복음적 윤리학의 정점이다. 생명과 평화의 세계는 율법적 윤리학이 아닌 오직 복음적인 윤리학만이 세울 수 있다.

온 신학은 마귀를 이길 수 있는 참된 힘이 사랑이라고 믿는다. 왜냐하면 하나님이 사랑이시고(요일 4:8), 사랑 속에는 하나님의 능력이 역사하기 때문이다. 마귀는 하나님을 이길 수 없고 사랑을 이길 수 없다. 세상을 구원하는 하나님의 능력은 사랑 속에 있다. 온 신학은 십자가의 윤리학, 복음적 윤리학, 사랑의 윤리학을 지향하고 있는 신학이다.

---

21) 라인홀드 니버(R. Niebuhr)의 윤리학은 세계에 큰 영향을 미쳤음에도 불구하고 온 신학적 시각에서 볼 때는 비판의 여지가 많다.

결언

　한국에 가장 넓게 그리고 강하게 영향을 미친 신학은 근본주의 신학이었다. 이 근본주의 신학의 한국의 대표적 인물은 박형룡이었다. 그런데 한국의 신학은 이 근본주의에 머물러 있지 않았다. 조용기는 박형룡의 영혼 중심의 근본주의 신학과는 다른 삶의 신학을 전개했는데 그것은 그의 삼중 축복의 신학 속에 잘 나타나 있다. 그는 병들고 가난한 자들에게 희망을 주는 신학을 한국에서 전파했고, 세계에서 최대로 큰 교회인 여의도 순복음교회를 세웠다. 그러나 조용기의 삼중축복의 신학은 아직 사회와 역사를 구원하는 하나님 나라의 신학으로 발전하지 못했다. 1970년대 중반에 등장하기 시작한 한국의 민중신학은 정의와 민주주의를 위한 투쟁의 신학이었다. 이 신학은 마침내 한국 땅에 독재를 몰아내고 민주화를 이룩한 큰 역사적 성과를 내었다. 상당수의 민중신학자들은 김대중 대통령 시절에 정권의 중심에서 활동하기도 했다. 그러나 한국의 민중신학은 삼위일체론과 속죄론의 결여 및 민중의 자기구원과 같은 다수의 한국교회가 받아들이기 어려운 급진적인 교리를 남발하면서 교회에 뿌리내리는 데 실패했다. 온 신학은 박형룡의 영혼과 교회중심적 신학과 조용기의 삶의 신학과 한국 민중신학의 역사책임적 신학이 함께 합류되면서 장로회신학대학교에서 꽃피운 130년 한국 신학의 결론이자 정점이다. 이 신학이 형성되는 데는 루터와 칼빈의 종교개혁적 신학의 토대 위에 칼 바르트와 위르겐 몰트만과 같은 독일의 신학자들과 이종성이라는 걸출한 한국 신학자의 역할과 영향이 매우 컸다.

온 신학은 삼위일체적 신학이고, 하나님의 주권과 은총의 신학이고 온전한 복음을 강조하는 신학이며, 예수 그리스도의 복음 전파와 하나님 나라 구현을 교회의 목적으로 하는 통전적 교회론을 지닌 신학이다. 온 세상과 온 우주 속에서 이를 구원하려는 신학이며 성령의 활동을 폭넓게 파악하고자 노력하는 생명신학이다. 온 신학은 대화적 신학이고 성령의 뜻에 복종하기 위해 끊임없이 개혁하는 개혁신학이다.

참고문헌

김명용. 『칼 바르트의 신학』. 서울: 이레서원, 2011⁴.

_____. 『현대의 도전과 오늘의 조직신학』. 서울: 장로회신학대학교 출판부, 2011.

낙운해. 몰트만신학과 한국신학, 미간행박사학위논문. 서울: 장로회신학대학교, 2011.

서남동. "두 이야기의 합류," 『민중신학의 탐구』. 서울: 한길사, 1983, 52-55.

_____. "민중(씨알)은 누구인가," 『민중신학의 탐구』. 서울: 한길사, 1983, 217-218.

이종성. 『춘계 이종성 저작 전집 4, 그리스도론』. 서울: 한국기독교학술원, 2001, 575.

이종성/김명용/윤철호/현요한. 『통전적 신학』. 서울: 장로회신학대학교 출판부, 2004.

현요한. 『성령 그 다양한 얼굴』. 서울: 장로회신학대학교 출판부, 1998.

Barth, Karl. *Das Christliche Leben*. Zürich: Theologischer Verlag, 1976.

Kim, Myung Yong. "The Reception of Karl Barth in Korea." In *Dogmatics after Barth: Facing Challenges in Church, Society and the Academy*, edited by Günter Thomas, Rinse H. Reeling Brouwer, and Bruce McCormack, 15-24. Leipzig: CreateSpace Independent Publishing Platform, 2012.

Moltmann, Jürgen. *Die Quelle des Lebens: Der Heilige Geist und die Theologie des Lebens*. München: Kaiser Verlag, 1997.

북 리뷰

온 신학에 관하여

● 미하엘 벨커(M. Welker 하이델베르크 대
  학교 원로교수, 국제학제간신학연구소장)
● 번역: 박성규(장로회신학대학교 조교수)

'온 신학'은 현대적인 도시에서 가능한 신학의 모
델이 될 수 있다. '온 신학'은 종교개혁 신학에 근거한
신학이다. 그리고 19세기와 20세기의 세계적인 신학적
발전들과 논쟁하는 가운데 성장한 신학이다. 그리고 메
가-시티인 서울에서 발전된 한국의 장로회 교회에서
형성된 신학이다. '온 신학'은 교회적인 신학이지만, 동
시에 오고 있는 하나님의 나라가 전 시대와 전 세계에
개입해 들어오는 영역을 존중하고자 하는 신학이다.
'온 신학'은 다가오는 하나님의 나라가 개입하는 영역

을 삼위일체론적 신학으로 파악하고자 한다. 그리고 '온 신학'은 신약성서와 종교개혁 신학의 기독론적인 기본방향을 긍정하면서도, 동시에 20세기의 강력한 오순절 교회와 카리스마 운동들에 특징적으로 나타나는 성령론적인 방향에 대해서도 열려 있는 신학이다. "온 신학은 예수 그리스도 계시의 궁극성을 기초로 하지만 성령에 의해 펼쳐지는 세계 도처에서 일어나는 성령의 놀라운 해방과 생명의 역사들에 대해 열려 있는 신학이다."(김명용, 온 신학, 2) 한편으로는 한국 개혁교회 가운데 근본주의가, 또 다른 한편으로는 오순절신학이 개인 영혼 구원에 강력하게 집중하고 있는 반면 '온 신학'은 기독론과 새창조 신학에 근거한 하나님-나라-관점들(Reich-Gottes-Perspektive)에 근거하여 신학을 전개한다. 그리고 그러한 하나님 나라의 관점들은 성령이 의와 평화 그리고 약자들의 보호를 위해 역사하는 하나님의 능력이라고 보고 있다. 소위 말하는 "상호보완적 종말론"(komplementäre Eschatologie)과-종말론 문제와 관련하여 신학과 자연과학이 오랜 기간에 걸쳐 학문적 교류를 나눈 결과 얻어진 개념-함께 '온 신학'은 에큐메니컬 신학, 해방신학, 또는 한국의 민중신학과 구성적이면서도 비판적인 관계를 맺을 수 있을 것이다.

김명용 박사는 칼빈, 바르트, 몰트만, 그리고 장로회신학대학교 전 총장이었던 이종성 박사와 연계하여 다차원적인 삼위일체신학적이면서도 기독론적−성령론적인 방향성을 인상적으로 유효하게 만들고 있다. 삼위일체 하나님의 창조적이면서도 새−창조적인 역사는 단지 개인 영혼에만 작용하는 것이 아니며, 역사초월적인 종말론적 현실에만 작용하는 것도 아니다. 물론 김명용은 계시와 역사를 결코 동일시하지 않는다. 그러나 김명용은 다가오는 하나님의 나라 속에 현재적이면서도 동시에 미래적인 역사내적인 종말론적 운동이 작용하고 있는 것으로 보고 있으며, 그리고 그러한 종말론적 운동은 기독교 신학이 완전히 계시되기를 기대하고 있는 영원한 하나님의 나라와 상호보완적인 관계에 있는 것으로 파악한다. 예수 그리스도에 의해 결정되고 성령의 능력 속에서 창조적으로, 그리고 새창조적으로 이루어진 생명은 한편으로는 예배와 기도 속에서, 다른 한편으로는 예언자적인 사회봉사 차원의 제자도 속에서, 그리고 예수 그리스도의 복음 선포 속에서, 나아가 사랑과 의와 평화의 윤리 속에서 성취된다.

'온 신학'은 그 성령론적인 방향설정을 통하여 예

수 그리스도의 삼중직(참된 왕, 참 제사장, 참 예언자)이라는 고전적인 교리를 "하나님 나라의 삼중형태"(M. Welker, Gottes Offenbarung, Christologie)라는 가르침으로 더 발전시킬 수 있는 능력이 있는 신학이다. 나아가 '온 신학'은 우리 인간이 삼위일체 하나님의 광범위한 역사 영역 속에 있는 존재라는 사실을 인식할 능력이 있는 신학이다. 그러한 삼위일체 하나님의 역사는 우리로 하여금 사랑과 용서의 봉사적 실천, 우리 주변과 우리 자신을 위한 치유와 용납의 봉사적 실천을 인식할 수 있도록 하며, 또한 어떤 어려운 조건에서도 이러한 실천을 가능하게 한다(하나님 나라의 왕적 형태). 따라서 공동체 안과 밖에서 동료인간들의 육체적 영적 건강을 돌보는 일은 개인적인 치료 또는 심지어 의무적인 봉사의 의료체계에만 국한될 수 없다. 도시 속에 사는 사람들의 건강은 교회 편에서도 그 도시의 발전을 측정할 수 있는 결정적인 척도이다.

'온 신학'은 또한 우리 자신과 우리의 동료 인간을 영적이며 예배적인 관계에서 볼 수 있게 해주는 능력이 있는 신학이다. 그러한 영적이며 예배적인 관계의 가장 적절한 형태와 정점은 물론 함께 모인 공동체의 예배에서, 그리고 기도와 영광송 속에서 발견될 수 있을 것이나, 동시에 모든 시대의 교회 속에 그리고 세계 영역 속에 이미 정착되어 있는 것이다.(하나님의 나라의 제사장적 차원). 종종 놀라울 정도로 광범위하면서도 파악 불가능할 정도로 넓은 지상의 삶의 정황들보다 예수 그리스도의 교회와 그의 다가오는 나라는 훨씬 더 광범위하다.

整全神学

整全神学

Ohn Theology

金明容 著

谭安维 译

长老会神学大学出版部

序

整全神学(Ohn Theology; 按「온」,音Ohn, 有整全,全部之意)是在韩国发展出来的韩国神学。这是教会合一神学(按: Ecumenical Theology), 福音主义神学与五旬节运动神学在路德, 加尔文的宗教改革传统的基础之上於韩国交融而成的神学。整全神学是为了克服在韩国发展的朴亨龙的基要主义神学, 赵镛基的三重祝福神学及民众神学的弱点并追求神学的整全性而形成的神学。整全神学是以卓越的牧者韩景职的神学精神与卓越的神学家李锺声的统全神学为背景而发展的神学, 也是卡尔•巴特(Karl Barth)与于尔根•莫特曼(Jürgen Moltmann)的神学精神深融在其中的神学。

整全神学是为普世的整全的神学。为教会的神学

是很重要的, 但是单单为教会的神学是狭隘的神学。我们需要能够引导普世仰望神国度的神学, 而整全神学就是担当这角色的神学。不整全的神学无法抵制世界陷入浑沌且充满悲惨与恶的现象。「所以, 你们要完全, 像你们的天父完全一样。」(太 5:48)这节经文应用在神学上也是很妥当的。为普世的整全神学对世上的生命与和平而言也是很重要的。

本书是在2014年5月13日於长老会神学大学以「亚西亚, 太平洋神学与实践(Asia Pacific Theology and Practice)」为主题而举办的第15届国际学术大会上发表的论文。希望亚太地区的神学能以整全神学为定向来对亚太地区的生命与和平带来极大的贡献。

整全神学是位於韩国教会中心的神学。这神学与韩国长老教会(统合派)的神学大致上是一致的, 也是面向相同方向的, 同时也反应著韩国合乎福音又拥有高水平学问的神学家们的神学。若想知道当今在韩国教会中心的神学, 本书将会带来很大的帮助。但是, 整

全神学并不是单单反映著当今韩国教会精神的神学，同时也包含著教会，世界与神学当走的方向与理想。

长老会神学大学 校长
金明容

目录

整全神学
(Ohn Theology)

金明容

❀

整全神学(Ohn Theology; 按「온」, 音Ohn, 有整全,
全部之意)是130年韩国神学的结论与颠峰。整全神学
是为普世的整全神学。整全神学是在韩国发展出来的
神学, 特别是在韩国长老教会统合派里发展出来的, 而
其中心学校就是长老会神学大学。韩国长老教会是韩
国教会的中心教会, 因此整全神学可以说是位於韩国
教会中心的神学。整全神学是李锺声「统全神学」的纯

---

1 有关李锺声的统全神学, 请参阅: 李钟声, 金明容, 尹哲昊, 玄曜翰.《统全神学》.
  首尔:长老会神学大学出版部, 2004. 13-116.

韩文用语。整全神学与统全神学并不是不同的神学，但是整全神学又从统全神学发展出来了一些新的内容，而这内容将於本书中详述。那麽，整全神学有什麽特徵呢?韩国神学发展到整全神学的整个过程如何?为什麽整全神学是韩国神学130年以来的结论与颠峰?让我们一同来探个究竟。

整全神学(Ohn Theology)是什么?

● 整全神学(Ohn Theology)是统全神学的另一种标记。统全二字源於汉字,将之转换为纯韩文就是「온」(按:音Ohn,整全,全部之意)。所以,统全神学与整全神学是拥有同样意义的神学。统全神学是由李锺声於长老会神学大学发展的神学,起创统全神学的人就是李锺声,而这神学发展的地方也就是长老会神学大学,後来这神学就发展成了韩国长老教会统合派的神学。统全神学於1985年长老会神学大学神学声明及2001年长老会神学大学神学教育声明中具体彰显了其样貌,而在2003年韩国长老教会统合派的信仰告白书里也可

以清楚明白的看到其神学特徵。长老会神学大学於1998年确定的大学理念-「传扬耶稣基督的福音,实现神的国度」² 就是内含著统全神学的内容。

●整全神学是为普世的神学。教会对整全神学而言是很重要的,但整全神学并不单单是为著教会的神学。整全神学是渴望神的统治实现於普世的神学。也就是说,整全神学是希望普世定向於神国度的神学,也是为神国度降临全地而服事的神学。因此,整全神学是为神国度的神学。³

●整全神学是追求整全的神学。整全神学反对片面且破碎的神学。第三世界神学里容易出现的片面神学不是整全神学所追求的方向。整全神学为了达到整全的神学而喜悦与各样的神学及思想展开宽幅的对话并致力得到整全的观点。整全神学尊重第一世界的神学,也尊重第三世界的神学。整全神学以耶稣基督启

---

² 长老会神学大学的教育理念於1998年预备韩国大学教育协议会的大学综合评价时确定的。笔者当时为大学教务主任,发现到长老会神学大学无明文规定教育理念,而主管了确定大学理念的委员会。在此委员会中确定并於教授会议中通过了「传扬耶稣基督的福音,实现神的国度」为长老会神学大学的教育理念。这教育理念与长老会神学大学的校训-「敬虔与学问」一同广泛被使用并象徵着长老会神学大学的神学与精神。

³ 李钟声的统全神学是为神国度的神学,但整全神学比李锺声的统全神学更深度强调神国度的实现。

示的终极性为基础, 但也对因圣灵而在世界各地兴起的解放与生命的工作敞开著。整全神学是对话的神学, 以圣经为基础的圣灵论的神学, 也是解放与生命的神学。

但是, 为什麽不用「统全神学」, 而用「整全神学(Ohn Theology)」一词呢?首先是因为纯韩文对韩国人而言比较熟悉的, 也是容易被理解的, 另一个重要的理由是因为「统全」一词的汉字有其弱点。「统全」一词的汉字语翻译成英语是Integrity, 其统合之意较强。但是, 整全神学所追求的目的不在於统合, 而在於形成整全的(Whole)的神学。统合是方法, 而非目的。整全神学是追求神学的整全性(theological wholeness)的神学, 也就是不狭隘并整全的将有关神的一切表现出来的神学。神是宇宙万物(cosmic)的神, 因此用「Ohn」(整全)来表示含括人类与被造世界的一切, 且同时传扬关於神的整全知识的神学是更加妥当的。

为了更进一步的理解整全神学的整全(Ohn), 可以用月亮来做比喻。弦月是还没满月的月亮。韩国教会与

神学界一直以来都是由半边的神学让教会争执与分裂，目前的景况也是如此。在2013年，因为不理解在釜山(Busan)召开的普世教会协会(WCC)大会的精神与神学立场的人们，导致教会之间产生了凄惨的纠纷和争执。但在其中尽力化解纠纷并让韩国教会合一的人们都是拥有「整全」(Ohn)神学精神的人。[4] 弦月是半边的月亮，满月就是整全，充满的月亮。换言之，整全神学就是整全，充满的表现和教导有关神的知识的神学。

五句节运动教会提昌纯全福音(Full Gospel)并挑战成为属灵的基督教(spiritual Christianity)是与对整全神学的热情有部分相关的。以整全神学的观点来看，五句节运动将耶稣基督的救赎工作理解由「仅止於拯救肉体」扩张到包括「从贫穷中得救」是有积极层面的。因为整全神学的整全救恩论不仅止於灵魂得救而已，同时也包括肉体得救。1975年在奈洛比(Nairobi)召开的普世教会协会(WCC)的大会中也使用了整全福音(The Whole Gospel)的用语，并在宣教概念中也使用整全宣教(holistic mission)的用语，这也可以说为世界教会迈向整全神学的努力。整全神学不仅强调个人得救，同时也

---

[4] 整全神学是韩国最具教会合一运动神学特徵的神学。整全神学不是封闭的，而是敞开的神学。若在核心的神学精神上一致，即使有许多不同之处，也能够一同协力来建造神的国度。

重视「神的宣教」(Missio Dei, 按:中文又称「上帝使命」)的概念所强调的人性化(humanization)以及社会与历史的救赎与解放。整全神学对世界福音主义教会在1989年于马尼拉召开大会时将整全福音(The Whole Gospel)在大会宣言的第二部强调为重点一事给予正面的评价。因为福音主义教会一直以来对公义, 和平, 创造的保全等教会的重要课题比较轻视。整全神学对世界神学的方向迈向整全神学的方向发展表示欢迎。[5] 整全神学是位于五旬节运动神学, 福音主义神学, WCC神学之顶点的神学。整全神学是耶稣基督福音的基督论领域与实现神国度的圣灵论领域互渗互存(Perichoresis)而连接起来的神学。整全神学是以通过耶稣基督彰显的整全福音为基础, 并在其上建立神国度的圣灵论的神学。

---

[5] 为得到更仔细的说明, 请参阅: 李钟声, 金明容, 尹哲昊, 玄曜翰.《统全神学》. 首尔:长老会神学大学出版部, 2004. 54-59.

韩国神学迈向「整全神学」的神学发展

朴亨龙的基要主义神学

在过去约100年间对韩国教会影响最大的神学是基要主义神学。基要主义神学是始於美国的神学,而不是始於韩国,但基要主义神学的影响在韩国却是根深蒂固。有很多韩国教会接受了基要主义神学,并在基要主义神学的基础上过信仰生活。一直到今天,基要主义神学对韩国教会影响很深。因此,基要主义神学已经成了韩国的神学。2013年与釜山(Busan)召开普世教会协会(WCC)釜山大会时,有很多韩国教会起来反对并阻

止大会的进行，当时参与这行列的大多是受基要主义影响的宗派和教会。

朴亨龙是让基要主义神学扎根於韩国教会的重要人物。朴亨龙在美国普林斯顿(Princeton)神学院留学时深深受到基要主义神学家梅钦(J. Gresham Machen)的影响，也想要让梅钦的基要主义神学扎根於韩国。因为朴亨龙不断努力将梅钦的基要主义神学扎根於韩国，因此被称为「韩国的梅钦」。朴亨龙强烈反对对圣经的高等批评(High Criticism)，这是因为他对基要主义神学的大前提-圣经逐字无误论绝对信奉的缘故。朴亨龙将对圣经的高等批评规定为自由主义神学，而这自由主义神学就是正统神学之敌。[6] 朴亨龙甚至将卡尔•巴特(Karl Barth)的神学也规定为自由主义神学，并将之当作自己的神学之敌来攻击，这是因为巴特认为圣经批评学是为了正确聆听神话语之前提的缘故。朴亨龙对巴特神学的猛烈批判成了1953年韩国长老教会分裂为大韩耶稣教长老会与韩国基督教长老会的重要原因。虽然基督教长老会的神学之父-金在俊不断强调他笃信圣经是神的话语，但朴亨龙却不断主张一个接

---

6 有关朴亨龙对巴特的批判，请参阅: M.Y. Kim, "The Reception of Karl Barth in Korea", in *Dogmatics after Barth: Facing Challenges in Church, Society and the Academy*, Eds. Günter Thomas, Rinse H. Reeling Brouwer, Bruce McCormack (Leipzig: Create-Space Independent Publishing Platform, 2012), 15-19.

受圣经批评学的人绝对不是相信圣经就是神的话语的人,结果韩国长老教会就分裂为大韩耶稣教长老会与韩国基督教长老会。

受梅钦影响很大的朴亨龙,后来又受到美国反共倾向的基要主义神学家卡尔•麦坚泰(Carl McIntire)的影响。1959年大韩耶稣教长老会分裂为韩景职的统合派与朴亨龙的合同派的时候,韩景职派就走向了美国长老会与普林斯顿神学院的神学路线,但朴亨龙派就坚持基要主义路线到底,且在理念上采取了麦坚泰的反共主义路线。1959年大韩耶稣教长老会分裂的最大原因就是有关参加普世教会协会与否的问题,而其最大的论点就是有关共产主义理念的问题。朴亨龙认为普世教会协会接受共产主义国家的教会为会员是不可有的事,并将之规定为教会的堕落,且接受麦坚泰的路线,坚决反对加入普世教会协会。朴亨龙坚信正统教会是站立在反共主义路线之上的教会。因为当时朴亨龙反对普世教会协会,因此虽然过了半个世纪,在朴亨龙影响圈内的韩国基要主义宗派与教会仍将普世教会协会规定为异端,并剧烈反对普世教会协会2013年釜山大会。

朴亨龙的基要主义神学的问题在於因为他相信并强调圣经绝对无误,而圣经的世界观与当代科学的

世界观不得不发生冲突, 因而导致当今韩国很多知识份子不接受教会的教导。另外, 对女性的问题和其他伦理上的问题, 仍然秉持著前现代(按: Pre-Modernism)的立场, 这也是很大的问题。在朴亨龙神学的影响力的教会, 至今仍不允许女性按牧。

朴亨龙的基要主义神学另外还有一个问题, 那就是对神国度的错误理解。朴亨龙过度批评自由主义神学, 以至於将所有对神的国度被建立於地上的见解规定为异端。朴亨龙将对历史持有悲观的态度定为正确的态度及正统主义的信仰。朴亨龙的基要主义神学主张历史会渐渐恶化, 被魔鬼掌控, 会有七年大患难, 教会将受逼迫, 众多的圣徒将殉道的末世论。因为他主张世界的历史会被魔鬼所掌控, 所以对朴亨龙而言改革世界历史并建造神国度的思想是不合乎圣经的, 乃是自由主义神家的异端思想。

根据朴亨龙, 神的国度是在天上的国度, 将来会随著耶稣的再来而降临到地上。教会要做的工作不是改革世界并扩张神的国度, 而是拯救这即将灭亡的世界里的灵魂去天国。朴亨龙的神学是专注传福音的神学。朴亨龙不看重教会对政治社会的责任, 也不将之看做教会根本的课题。对朴亨龙而言, 拯救这即将灭亡的世界里的灵魂去天国才是最重要的。教会是救恩的方

舟, 改革政治并不重要, 重要的是开拓教会和差派宣教士到外邦人的世界去。

因为朴亨龙的神学有以上的特徵, 他的神学可称为以灵魂为中心的神学。朴亨龙的神学是灵魂的神学, 而非整全神学。朴亨龙对灵魂有深度的关心, 但却不关心世界。朴亨龙基要主义神学的优缺点如实的彰显在韩国教会的历史当中。朴亨龙专注传福音的神学导致在朴亨龙神学影响力范围内的宗派与教会也专注於传福音, 带来教会与会友大增的结果。但是, 在韩国民主主义的黑暗期, 为民主主义委身的基督教领导人当中却几乎没有接受朴亨龙影响的人。在朴亨龙影响力范围的教会与圣徒不理解抵抗不义, 建立人权, 为民主主义斗争的价值, 因此他们是非常消极的, 有时还有迎合独裁政权的现象。朴亨龙的基要主义神学在带领教会负起历史责任的部分是失败的神学。

赵镛基的三重祝福神学

赵镛基是设立世界最大的教会-首尔汝矣岛纯福音教会并牧会一生的牧师, 他不仅是韩国五旬节教会, 也是全世界五旬节教会具有象徵性的人物。他的神学大大的影响了韩国五旬节系统的教会, 也成了韩国五

旬节系统教会的神学。他的影响力不仅止於五旬节教会内,在韩国教会内普遍的圣灵运动里面,都很容易发现到他的神学影响力。

赵镛基的神学是五重福音,三重祝福的神学。五重福音意味著重生,成圣,神医,再临,圣灵充满的福音,但这只不过是接受了韩国圣洁教会(按: Holiness Church)所教导的四重福音-重生,成圣,神医,再临,并加上了圣灵充满而已。

赵镛基神学的独特性在於他的三重祝福神学。这三重祝福神学也被称为三拍子救恩论,是依据约翰三书1节「我愿你凡事兴盛,身体健壮,正如你的灵魂兴盛一样。」的话语为根据来说明灵魂兴盛就会带来身体健康及凡事亨通的蒙福理论。据赵镛基说明,耶稣基督在十字架上受死的时候是背负著我们的疾病去世,也背负著我们的贫困去世。因此,我们信耶稣就能从疾病得到释放,从贫困得到解放。

赵镛基的三重祝福神学对韩国战争以後生活在极度贫困与疾病中的韩国民众带来了很大的希望。对身处贫困的民众而言,赵镛基的将从疾病得释放,从贫困得解放与相信耶稣相连结的三重福音是带来希望的教义,这也是让汝矣岛纯福音教会成为世界最大型教会的关键动力。赵镛基的三重祝福神学与基要主义

所讲的灵魂得救是不同层面的神学，而这不同层面的核心就是救恩的世俗性。赵镛基不仅是强调灵魂得救，也谈到肉体得救，且提及了从贫困得解放的经济层面的救恩。如此，赵镛基的救恩论对在病痛中以及在贫困中的民众是带来希望的福音，而这希望的福音也成了韩国五旬节运动教会成长的动力。

　　韩国的民众神学与赵镛基的三重祝福的神学都是为了让民众得救的神学。这都是与一直到1980年代为止韩国为了从贫困中得到解放而尽力的历史背景有关。民众神学为了带给民众希望而主张改变政治与经济的架构，赵镛基的三重祝福神学是要通过与圣灵直接的相交来带来希望。赵镛基在讲道中强调耶稣基督救赎的恩典将我们从咒诅与痛苦当中得到解放，而这恩典的工作是通过圣灵来彰显出来的。

　　赵镛基的三重祝福神学的弱点在於将圣灵的工作单单理解为对个人的工作。赵镛基对圣灵在政治领域，社会构造领域当中的工作并不是很理解。[7]赵镛基的三重祝福神学从当今神学的观点来看是一种的生命神学(Life Theology)，但是2013年普世教会协会於釜山大会(Busan)的大会主题「生命的上帝，带领我们迈向

---

7 这一点不仅是赵镛基，也是五旬节运动神学整体的问题。莫特曼批评在和平运动当中没有五旬节运动者的参与。J. Moltmann, Quelle des Lebens (München: Kaiser Verlag, 1997), 66.

公义与和平」(God of life, lead us to justice and peace)里被
强调的公义与和平的认知是在赵镛基的三重祝福的
神学里找不到的。赵镛基只理解就个人层面让人从病
痛中得到释放,从贫困中得到解放的救主耶稣。他的三
重祝福神学无疑是韩国生命神学重要的萌芽,却仍有
许多缺陷。

　　赵镛基三重祝福神学的真正发展是通过与德国
神学家莫特曼(J. Moltmann)的相遇而开始的。[8]赵镛基
几次邀请莫特曼到自己的教会并展开神学对话,渐渐
发现到自己三重祝福神学的缺陷。莫特曼和赵镛基都
拥有生命神学的特徵,但若说赵镛基的生命神学是个
人层面的生命神学,莫特曼的生命神学是拥有政治,历
史层面的生命神学。赵镛基在与莫特曼的会面中发现
自己生命神学在政治,历史的层次有缺陷,就从2005年
开始将公义,和平,创造世界的保存(JPIC, 按:Justice,
Peace and the Integrity of Creation)纳入自己的神学里。[9]但
生命神学的政治,历史的层面尚未全然的实现在赵镛

---

8 莫特曼与赵镛基的首次会面是在1995年。这时两人认知到彼此有共同的经验以
　即对生命之神有共同的认知。於此之後,赵镛基曾经於2000年与2004年两次邀
　请莫特曼到自己的教会。

9 2005年赵镛基曾写信至莫特曼,告知自己有所改变。赵镛基提及他发现自己的
　讲道与神学里对社会与历史层面的缺陷而转向。有关莫特曼与赵镛基的会面与
　改变,请参阅: 洛云海.《莫特曼神学与韩国神学》. 未出版博士学位论文, 首尔:长
　老会神学大学, 2011. 130-153.

基的三重祝福神学里。

民众神学

一般而言，普世所知道的韩国神学是民众神学。但是与上述的朴亨龙的神学与赵镛基的神学相较，追随民众神学的韩国教会相对而言是少数。这也表示民众神学只不过是韩国特定群体与教会的神学，而非代表全体韩国教会的神学。那麼，为什麼大多数的韩国教会没有接纳民众神学为自己的神学呢?这里有些重要的理由。

第一，民众神学缺乏赎罪论。民众神学的代表神学家安炳茂与徐南同的神学里没有耶稣基督十字架的受死带来赎罪的内容。韩国教会认为耶稣基督的死带来赎罪的内容是福音的核心，这是朴亨龙的基要主义神学与赵镛基的五重福音与三重祝福的神学里的共同点。而且，耶稣基督代赎之死是初期在韩国宣教的西洋宣教士共同的教导。因此，韩国教会一直将耶稣基督的死与救赎理解为福音的核心。但是民众神学企图性的将之否认。民众神学虽然对抵抗独裁和政权与实现人权与民主化贡献很大，但这神学却没有被韩国多数的教会接纳，是因为民众神学是缺乏赎罪论的神学。

第二，因为民众神学家对耶稣基督身体复活具负面的态度。根据安炳茂，耶稣的复活是耶稣的精神向加利利的民众复活了。安炳茂不相信耶稣基督肉身的复活，因此继承安炳茂之精神的後裔们甚至可以提到「奉小耶稣全泰壹的名来祷告」，而这全泰壹是在清溪川参与劳动运动，後来焚身自杀的青年。这青年的精神在韩国劳动运动当中复活了，所以全泰壹就是韩国的耶稣。韩国大多数的教会是无法接受民众神学如此的立场。

第三，以民众为主体的救恩论。韩国大多数的教会一直以来彻底相信救恩的主体是神，现在也是如此。人可以是第二主体，但不可以是第一主体。因为神是改革历史的主体，所以，祷告是必要的。但在民众神学里，第一主体与第二主体的关系是很混乱的。谁才是真正的主体？是否真的需要祷告？关於这些问题，仍然处於混乱的状态当中。韩国大多数的教会怀疑以民众的力量来得救的理论与共产主义的无产阶级大革命到底有何不同。

第四个问题是民众神学的圣经观。根据民众神学家徐南同而言，圣经的叙事与韩国民众的故事之间没有质的差异。圣经记载以色列民众的叙事，而韩国的历史记载著韩国百姓的民众故事。因此，徐南同主张将两者兼融，并提及「脱圣经化」。[10] 韩国教会坚决相信圣经

是神的话语并认定圣经之权威,因此民众神学的圣经观对韩国大多数的教会而言是绊脚石。

第五个问题在於民众神学欠缺三位一体论。民众神学是没有三位一体论的神学。在韩国教会的状况里,没有三位一体论的神学马上就会被判定为异端。民众神学没有被定为异端的原因可能是因为民众神学家大多数是知名大学的学者,而且他们参与韩国人权与民主化的斗争而得到了渴望民主化的国民的支持。虽然如此,大多数韩国教会对民众神学教义有很大的不满。耶稣基督是真神的教义在民众神学的本质里是缺乏的,在圣灵的位格性上也有严重的缺陷。民众神学有将东方宗教的气与圣灵看为一致的倾向,这已经是步入了泛神论的层次,是韩国教会不易容忍的。

因为民众神学拥有上述的几项大问题,坚守从路得与加尔文开始的宗教改革传统的大多数韩国教会就拒绝接受民众神学为自己的神学。民众神学虽然是韩国的神学,但是民众神学却不是韩国教会的主流神学,而是在渴望政治民主化的基督徒群体当中形成并发展的神学。

虽然接受民众神学为自己的神学的教会相对而言不多,但民众神学对韩国教会与神学的影响却是不

10 徐南同. "两个故事的合流".《民众神学探就》. 首尔: HanGilSa, 1983. 52-55.

小的。其理由是因民众神学提醒了韩国教会与神学在社会，政治上的责任是何等重要。在朴亨龙的基要主义神学里没有提及的教会对公义与和平的责任是通过民众神学触发了起来。整全神学所指向的神国度的神学当中相当部分是民众神学的神学遗产与其发展。当今韩国教会对社会，政治的责任相当敏感。过去朴亨龙的基要主义神学强调政治上的中立，但是当今倾向基要主义的教会对政治责任的认知有所发展，这是因为虽然他们反对民众神学，但却也因民众神学而领悟到了教会对社会，政治的责任的重要性。接受朴亨龙的基要主义神学的教会在教会对社会，政治上的责任有所领悟，当然这是对亚伯拉罕凯柏(Abraham Kuyper)等加尔文主义传统的理解渐渐加深的结果。虽然如此，让这些教会的方向有所改变，也是因为民众神学在神学上的挑战。

李锺声的统全神学

李锺声是让韩国的神学发展到整全神学具决定性的影响力的人。李锺声是在韩国教会凄惨的分裂现场的人，他是洞察到韩国教会悲剧性的分裂的原因在於神学的狭隘性。他接触了日本，美国，英国，德国等普

世众多的神学, 也是明白世界神学的多样性的神学家。因为他对普世神学有宽广的理解, 对从古代教会神学到宗教改革神学以及当今的现代神学也有广泛的神学知识, 因此可以被称为是神学百科全书。我们可以从他的十四本《系统神学大系》与四十本的神学全集当中知道他广泛的神学知识。[11] 他在神学著述的量上可与卡尔·巴特比肩, 在韩国没有比他著述更多神学书籍的人。

　　李锺声的统全神学是韩国神学的原因是并不单单是因为他的统全神学是韩国人所写的而已, 而是因为他的统全神学是在单单长老教会就分裂为两百多派别的韩国教会凄惨的分裂史为背景而诞生的神学, 另外, 也是因为他的神学是以在军事独裁时期被分为左右两派产生剧烈的理念纷争与冲突为背景的神学。南北分裂的现实到如今也是造成韩国国内政治理念纠纷的重要原因, 也是让韩国民族无法合一且促使民族分裂的元凶。李锺声强调要对各种神学与各样的精神有广泛的理解, 这可能是欧洲的学者无法理解的。因为欧洲各国都是有主要的一两种宗派, 所以宗派之间的对立相对来讲是少的。但是, 如果回想过去宗教改革

---

11 这四十本的神学全集於2001年在韩国基督教学术院以《春溪李钟声着作全集》为题出版。

时代之後发生的宗教战争记录下来的血泪史, 或许可以理解韩国教会分裂的惨象。即使说韩国教会是世界宗派的展示馆也不为过, 因为世界各种宗派都进入了韩国, 特别是让教会分裂的世界性原凶-基要主义神学对韩国的影响是很大的。因此, 李锺声的统全神学是在韩国的土壤生长的教会合一神学。李锺声的统全神学是为了医治韩国教会与韩国民族的神学, 也是梦想著教会与民族之和平的神学。

李锺声的统全神学具体以实际的神学登场是在1984年。李锺声在1984年出版了《基督论》一书, 提昌了统全的基督论。[12] 根据李锺声的见解, 基督论有从上而下的基督论与从下而上的基督论两大支流, 但不应该是在两者择一, 而是要将两者做为一个整体来掌握。李锺声认为教导耶稣基督是真神也是真人的迦克墩信经不允许两者择一。若将李锺声的基督论的观点应用在韩国的神学上, 朴亨龙的基要主义神学是强调基督是真神的由上而下的基督论, 民众神学是强调民众耶稣的由下而上的基督论。李锺声的观点认为从上而下的基督论对耶稣的历史性缺乏理解, 而由下而上的基督论对耶稣基督是圣子的三位一体论缺乏理解。

---

[12] 根据李钟声, 统全的基督论为试图划出基督全貌(a total picture)的基督论。李钟声.《春溪李钟声着作全集 4 基督论》. 首尔: 韩国基督教学术院, 2001. 575.

李锺声的统全神学在他的圣经观也很明显。李锺声认为圣经是神的话语，同时也包含著人对神话语的见证。也就是说，圣经兼有神的层次与人的层次。根据李锺声，朴亨龙的基要主义神学缺少圣经有人的层次的理解，李锺声判断朴亨龙彻底反对圣经批评学的圣经研究让人误以为正路，但李锺声也评价徐南同的脱圣经化是错误的，因为圣经是神的话语，是与其他世间的书籍或民众的故事有本质上差异。

但是，李锺声认为基要主义神学与民众神学都继承著圣经中非常重要的精神。李锺声惋惜他们都被关在自己狭隘的神学立场来彼此批判或敌对。李锺声认为他们的神学都应该更加发展与成熟，因为他们片面的狭隘观点阻碍了韩国教会迈向真正成熟之路。

对世界性的神学，李锺声喜欢巴特(Karl Barth)、田利奇(Paul Tillich)与莫特曼(Jürgen Moltmann)。李锺声的统全神学里兼融著三者的神学精神。当然，李锺声对这三者均以批判的角度来接近。另外，李锺声也是高度评价加尔文(J. Calvin)与其后的改革宗神学的神学家。因此，李锺声的统全神学是融会了从加尔文一直到巴特与莫特曼的改革宗神学的统全神学。正如巴特高度评价改革宗的神学传统，李锺声也对改革宗的神学传统予以高度的评价，也认为改革宗神学传统拥有著纯全

的神学的重要内容。因此, 李锺声的统全神学可说是为了建立更广阔且纯全的神学而在改革宗神学传统之上与世界神学各样的潮流对话与讨论而形成的神学。但是, 李锺声的统全神学的重心在於统合各样的神学, 而在追求整全的部分相对是有其弱点的。整全的神学并不单单是靠统合而成的, 且要在正确的神学基础上更正错误, 强调重点, 且加添新的精神而完成。李锺声的统全神学是通过统和各神学的艰辛过程而比较成功产生的神学。由这点来看, 李锺声的统全神学有很大的贡献。李锺声的统全神学为了整全神学(Ohn Theology)预备了巨大的架构。

「整全神学(Ohn Theology)」的范围与目的

整全神学是从李锺声的统全神学发展出来的神学,因此整全神学与李锺声的统全神学有很多共同点,但也有许多改变及发展的部分。那麽,整全神学是怎样的神学呢?

整全神学的范围

整全神学的范围是普世。若不理解神在普世的工作就不能理解整全神学。传统的神学是以基督为中心的神学。神学以基督为中心的性格是非常正面的,因为

神的启示在耶稣基督里整全地彰显了出来。[13] 耶稣基督的复活代表著耶稣基督事件的终极性。因此,神学应当彻底以基督为中心,离开基督的宗教神学是非常危险的。整全神学也是非常看重以基督为中心的传统神学启示论并予以继承的神学。

但是,传统神学的弱点在於轻视了圣灵论的层次。圣灵在德国让柏林(Berlin)围墙倒塌,为东西冷战划下了句点并带来了平安,且在南非共和国则与纳尔逊·曼德拉(Nelson Mandela)一同为人种差别划下了历史的句点并开启了南非共和国的崭新历史,在韩国则让世界上最凄惨的百姓从贫困当中得到解放,并斩断了军事独裁的锁链,建立了民主的大韩民国。神学若单单反覆圣经时代的叙事则会容易丧失圣灵工作的广泛性与丰富性。当今韩国受基要主义影响的教会的讲道者也企图性的在讲道当中单单反覆讲述圣经故事,另外,也以单单反覆圣经故事为讲道的权威与纯粹性。这是忽略了圣灵在世界历史当中所动奇妙大工的大错误。整全神学不仅以神的启示在基督论的终极性,同时也以拯救世界的圣灵工作的多样性与其丰盛为神学的对象。特别是当今第三世界的基督徒经历著各种不同

---

[13] 根据巴特,耶稣基督是「神的自我启示」(Selbstoffenbarung Gottes)。巴特是根据这神的自我启示概念来发展了以基督为中心的神学。

圣灵的工作是与第一世界基督徒的经历是不同的, 而他们的体验当中很多是第一世界的基督徒难以理解的。整全神学是对普世基督徒所经历的各种圣灵的工作敞开的神学, 也是不断关注圣灵拯救世界历史之工作的神学。

　　神学必须对南北韩的统一问题, 因内战导致凄惨景况的叙利亚和平问题, 因新自由主义经济体系而面临的经济危机与让第三世界克服悲剧之道, 对无法传福音的伊斯兰世界的问题, 因海啸与自然灾害而加深的自然灾殃的解决方案提出明确的解答。因为神是全世界, 全宇宙的神, 他也在那悲剧的现场当中动工。整全神学是以普世的问题为神学主题的神学。女性神学, 黑人神学, 社会主义神学, 民众神学, 生态神学是以特定主题为中心的神学, 因此他们的神学主题就很狭隘。[14] 整全神学不是单单研究特定主题的神学, 普世的所有问题都是重要的神学主题。以特定主题为神学重心的神学会因过份强调特定主题而带给其他问题更多负面影响的神学结论。举例而言, 若强调生态神学, 第三世界的贫困国家就会受很大的负面影响, 因为

---

14 莫特曼提倡「政治神学」(Politische Theologie)时说明因转动世界的中心为政治, 所以其神学为政治神学的说法是与整全神学的观点相似的。因为普世的问题都是重要的神学主题, 而全世界的问题与政治都有深度的连结, 因此使用了政治神学一词, 所以在内容上与整全神学的观点是同一脉络的。

第三世界贫困的国家无法承担先进国家所要求的众多环境管制。无论一件事情多麼重要,但若丧失均衡则会带来莫大的伤害,且其结果是具破坏性的。整全神学虽以普世的问题为神学主题,但却是要以谨慎的均衡感对代问题并从中创造出有真平安的生命世界的神学。

整全神学的目的

欧洲的神学家们一般认为第三世界的神学是低水平的神学或是具有区域性的神学,换言之他们认为第三世界的神学或许对当地有帮助,但却无法对欧洲的高水平神学带来影响。简言之,在欧洲神学家的眼光里,欧洲神学是高等神学,第三世界的神学是低等神学。

当今欧洲教会正在衰退,而亚洲与非洲的教会却迅速增长中。亚洲与非洲的基督徒正体验著圣灵各样的工作与圣灵兴起的奇妙神迹与救赎。亚洲与非洲的基督徒正经历著如出埃及历史中的救赎工作,也经历著好像耶稣基督复活事件一样地在历史中似乎无法发生的圣灵的强烈工作。整全神学对欧洲神学的整全性心存怀疑。整全神学怀疑欧洲的神学是否太过被启

蒙主义的理性框架捆绑而在掌握神超越性的工作上失败了, 否认耶稣复活的历史性, 单单以实存的层次或信仰的层次讲述耶稣的复活, 认为圣经人物经历神超越性的救赎工作不是历史层面的事实等是不是正确的神学结论。因为, 亚洲与非洲的基督徒正在生活与历史当中通过圣灵亲身经历著神让耶稣从死里复活的奥秘。

但是, 读者不应误会整全神学否定圣经批评学在学问上的价值与贡献。整全神学高度评价欧洲崇高的学术业绩。虽然如此, 整全神学还是深切认知著欧洲神学所拥有的学术上的缺陷。整全神学的目的在於建立超越欧洲神学的高水平神学, 也是追求整全无缺陷的神学。

整全神学是要通过与欧洲, 美国, 亚洲, 拉丁美洲, 非洲等普世的神学深度的对话而达到整全的神学。整全神学从本质开始就是对话性的, 因为若没有敞开的心态就无法达到神学的整全性。整全神学虽然是在韩国发展中的神学, 却也是希望对世界有贡献的神学。整全神学虽然有从特定地区-韩国发展的神学特徵, 但其目的在於准确说明神在普世的工作。因此, 整全神学是为普世的神学。整全神学是继承欧洲神学并进一步发展的神学。整全神学是因为欧洲的神学家不容易发现

欧洲神学的界限，因此知情的韩国神学家为要建立更加整全的神学的努力。20世纪下半世纪在拉丁美洲登场的解放神学对欧美的神学是很大的挑战，但是解放神学主要是在实践与伦理的领域带来冲击。而整全神学不仅是要在实践的领域，也要在圣经神学，系统神学等神学根基的领域追求整全的神学。要如此追由整全的理由是为了让普世教会得生，也让普世历史得生。不整全的神学会使教会弱化，且不能在普世历史中发挥功能。欧洲的神学家应该留意当今韩国教会内存在的批判-学了欧洲的神学或许学问会高，但教会会变弱小且会面临死亡。整全神学不仅是追求高水平的神学，也是要让教会得到生命力的神学。整全神学是相信一个真正高水平的神学是能够准确掌握圣灵之工作的神学，而这样的神学不仅是能够更新教会，也是能够决定性的更新世界历史的神学。

「整全神学」的特征

三位一体神学

　　三位一体论是整全神学的核心与根据。韩国民众神学最大的问题是欠缺三位一体论。整全神学认定民众神学对韩国的历史发展与民主化所付出的贡献，也认为强调民众的自觉与民众的主体性是宝贵的信仰遗产。但是，对耶稣基督是圣子的知识欠缺认知以及欠缺救赎论等，都是民众神学严重的问题所在。[15] 不了解

---

15 徐南同. "民众是谁?".《民众神学探就》. 217-218. 徐南同的民众弥赛亚概念因太过强调民众的主体性，因而导致牺牲了「耶稣基督是独一的弥赛亚」概念的结果。

耶稣基督是圣子的神学与欠缺赎罪论的神学都是有问题的。若这样的神学缺陷没有被更改而被传扬，终究会让教会面临存亡的危机，也会有让神学丧失恩典的神学，只剩下人类行为的神学的危险。

韩国的民众神学主张「气就是圣灵」，这是很危险的。「圣灵在万有中动工」与「气就是圣灵」有很大的差异。「气就是圣灵」这句话的危险性在於没有认知到圣灵与被造物之间质的差异。圣灵与万物的生气是有天壤之别的。圣灵虽然是维持万物之生气的力量与能力，但万物的生气却不是圣灵。民众神学之所以有如此惨澹的误会是因为大多数的民众神学家不相信三位一体。

当今世界神学中最具危险性的是有很多神学家正展开著欠缺三位一体论的神学。虽然三位一体论在20世纪通过卡尔•巴特与于尔根•莫特曼於世界神学界大大被修复，但世界上有太多神学是欠缺三位一体论的神学。宗教多元主义(Religious Pluralism)神学几乎无例外地欠缺三位一体论。过程神学(Process Theology)也与三位一体论有相当大的间距。

整全神学重视三位一体论，也强调耶稣基督代赎之死的重要性。耶稣基督代赎之死彻底地与耶稣基督是圣子有关联。若三位一体论消失了，那赎罪论也会随

之消失, 而这会让神学失去根基, 所以这是普世神学界应当警醒坚守的正统神学决定性的堡垒。民众神学家安炳茂对赎罪论说明-赎罪论乃是保罗的创作, 是无法依据历史性耶稣的理论-是整全神学无法接受的错误主张。安炳茂这样的主张背後应该是有自由主义神学的悠久传统与将保罗与耶稣极端区分的阿道夫•冯•哈纳克(Adolf von Harnack)的欧洲神学传统。

神的主权与恩典的神学

李锺声的统全神学是从「神是全世界的主」的信仰开始的。因此, 全世界都存在著与神的统治相关的痕迹, 而统全神学的重要课题就是以耶稣基督启示之光来光照他们。根据李锺声, 神统治的痕迹存在於普世历史与世界宗教之中。根据李锺声, 神是世界上独一无二的绝对者。李锺声的神的主权神学的相当部分是来於加尔文主义神学。

李锺声的统全神学强调了神的绝对性并神为历史之主, 整全神学则是同时思想奥斯威辛集中营(Auschwitz)的悲剧与耶稣基督十字架之死中彰显的神苦难的启示之重要性。整全神学同时思考著神的全能与神的无能。李锺声的统全神学强调了神是全世界的

统治者, 整全神学与此同时也深度思考神是何等型态的统治者。这是李锺声的统全神学与整全神学的差异。整全神学不同意沃夫哈特•潘能伯格(W. Pannenberg)认为「世界的历史是神间接的自我启示」的历史理解, 世界的历史不是那麽单纯的。我们要留意十字架伫立在普世历史的中心。整全神学相信神在创造人类的瞬间就已经决意承担十字架的苦难, 因为创造拥有自由的人类, 必然预告著被罪污染的历史即将诞生, 而被罪污染的人类历史只能以审判来归结。但若创造人类以审判人类为归结, 那创造人类又有何意义呢?

整全神学认为神创造人是神莫大恩典之工的开始, 因为神赋予人类自由, 同时伴随著神为了救赎人类而受死的决意。整全神学要谈的不是律法之神以审判来统治的神学, 而是要谈论神恩典之得胜的神学。创造并统治世界的神的主权并不是律法性格的正义之神的统治, 而是以莫大的爱与恩典得胜之神的统治。

转动普世历史的主体不是一个, 整全神学认为有四个主体。第一主体是历史之主-神。除了神以外还有别的主体是因为神的允许。[16] 神允许这些的理由是因为神荣耀的国度要伴随著被造物自由的感恩与喜乐。

---

16 整全神学对莫特曼将创造理解为神的自我限制(Selbstzurücknahme Gottes)表示赞同。因为, 人类与被造物的自由必然伴随着神的全能性遭限制的结果。

但是，我们不应该认为其他的主体与神是互相竞争的主体。第二主体是从神得到自由的人类。整全神学认为第三主体-自然与所有的被造物也是历史的主体之一。一切被造物都与人类一样拥有自由，气候变化与地盘变动是与被造物的自由相关的。人类的自由与被造物的自由拥有建造美丽世界的可能性，同时也有酿成悲剧的可能性。历史的第四主体是魔鬼。大部分的欧洲神学家不愿谈及魔鬼，但整全神学认为对魔鬼没有深度理解的神学不是正确的神学。魔鬼是具代表性的误用自由之破坏性的存在。

神赋予人类自由是莫大的恩典，但这恩典现今却以人类的堕落与历史的悲剧呈现着。若将神看为这世界绝对性的统治者，那麼奥斯威辛集中营的终极原因就会归结於神，这会让神成为犯罪之因。整全神学认为神的统治彻底是爱与恩典的统治，而反对神是兴起命运之旋风的天上统治者的概念。世上的悲剧是与被造物有关的，绝对不是与神有关的。

历史当中有魔鬼的活动，也有人类与被造物酿成的众多悲剧。那麼，神的主权与统治又有何意义呢?整全神学看重「耶稣基督是救主」的大命题。神亲自担当了世界所有的悲剧与痛苦，开始了拯救人类与世界的超乎想像的救赎之工。这是莫大的爱与恩典的工作。一

个由顺服神的机器人所构成的世界是容易统治的, 但是拥有自由的世界是非常危险的, 也是伴随著罪恶与悲剧的。神在创造世界的时候就已经知道会有这样的悲剧, 也决定在这悲剧当中同在, 定意忍受莫大的苦难, 决心以他深之又深的爱与恩典拯救世界与人类。

整全神学接续了统全神学的传统, 认为神是历史的主。但是, 历史的主-神的统治是莫大的恩典与爱的统治。这恩典与爱的统治是拯救人类与世界形成的普世历史的新历史。这是如同一线光明照亮黑暗一样让希望与喜乐的时代到来的历史。民众神学强调著民众救赎历史的历史观, 但这是错误的。真正救赎历史的是神, 而非民众。马克思运动所提昌的「无产阶级是历史的主人」的口号也是错误的。真正创造历史的是神, 民众和无产阶级在被神所使用的范围内可以称之为构成新历史的第二主体。

整全的福音(The Whole Gospel)

「除耶稣基督以外别无生命之主」, 这是整全神学的大主题。除耶稣基督以外别无生命之主的理由是与耶稣基督的复活有紧密相关的。除了耶稣基督以外没有其他胜过死亡而复活的存在。覆盖著人类与世界的

最大仇敌-死亡, 唯独被耶稣基督击破。因为耶稣基督是圣子, 是神最终的启示, 所以人类与世界唯有在耶稣基督里才能寻找到真盼望。

认为因亚洲有许多宗教而推测亚洲的神学会为各样宗教打开可能性的想法是错误的想法。走向宗教多元主义的亚洲神学不是整全的神学。欧洲与美国的神学家为了脱去帝国主义的污名而为亚洲的宗教打开可能性的举动是没有正确认知生命之主的失误。这样的失误潜在在当今的普世神学与普世教会里, 所以福音传播的力量渐渐减弱。在亚洲与非洲复兴成长的教会都无例外的拥有除耶稣基督以外无生命之主的信念。将基督教的宣教改变为与其他宗教对话, 这是宣教上重大的危机。

福音就是耶稣基督, 除了耶稣基督以外别无福音! 在耶稣基督里添加其他的福音, 那就已经不再是整全的福音, 而是福音的严重变质。为宗教间和平的努力与为宣教的努力是不能混淆的。即使其他宗教有好的内容, 但因而断定其它宗教也有得救的可能性则是非常危险的。整全神学为当今普世神学里正流行著这样的意见而感到忧虑。在亚洲经历亚洲宗教成长的亚洲基督徒的绝大部分越来越确信除耶稣基督别无生命之主。

整全的福音启示在耶稣基督里。这福音是何等惊奇的福音，是世上未曾有的好消息。这不是有关不能拯救人类与世界之假神的消息，而是有关真正能够救赎人类与世界之救主的消息。这福音以奇妙的能力存在著，且正在拯救著人类与世间来建造喜乐的世界。亚洲的基督徒听了太多有关假神的消息，也因而绝望至今，也对将这样的假神重新找来并给他们穿上真神的外衣的西方神学家大失所望。整全的福音在耶稣基督里面，唯有耶稣基督才是独一的生命之主。

　　但是，整全神学批判朴亨龙系统的基要主义神学将耶稣基督的福音缩减为单单为拯救灵魂的福音。耶稣基督的福音并不是单单为了拯救灵魂的福音。看看福音书!耶稣基督实际的医治了病人，他是瞎眼的和瘸疯病患真正的拯救者。耶稣基督的福音并不是拯救灵魂而已，也是将肉体从死亡的势力中拯救的福音。赵镛基的三重祝福神学在这一方面比朴亨龙的基要主义神学更合乎福音，更接近整全神学一步。但是，三重祝福的神学缺乏耶稣基督对公义与和平的世界施行弥赛亚之工的理解，这是他们的弱点。耶稣基督的福音并不单单是让人类从肉身的疾病当中得到释放而已，耶稣基督的福音也是击败掌管世界的魔鬼并建造充满神的公义，生命与和平之世界的福音。公义，和平与生

命是象徵弥赛亚王国的概念。整全的福音是有关神国度的降临与实现的福音，这是神的公义，和平与生命不仅临到人类的肉体且临到普世，更是临到所有被造世界的福音，是迈向真正喜乐的世界的福音。趋向没有死亡而充满永远的生命与永恒的喜乐之世界的福音才是整全的福音。但是，这样的世界不是没有能力的假神营造的，这世界是唯独通过胜过死亡而复活的真生命之主耶稣基督才能建造的。

为神国度的神学

整全神学是「传扬耶稣基督的福音并实现神的国度」的神学。有关耶稣基督的福音已经在整全的福音里说明了，那麼什麼是「为神国度的神学」呢？

整全神学认为圣经有两种对神国度的教导。第一是在天上的神的国度，在天上的国度是神目前所在的地方，相信耶稣基督的人等待历史结局的地方也可推测是在天上的神的国度。朴亨龙的灵魂的神学就是将焦点放在传扬福音，拯救灵魂，且将他们送到在天上的神的国度里。

但是，圣经里又有另外一种对神国度的概念。这神国度是将来要在人类的历史当中建立於地上的神

的国度。朴亨龙的灵魂的神学对这一观点是非常负面的。因为，朴亨龙断定人类的历史发展到一个程度就会进入乌托邦的世界，神的国度会建造在地上的神学是自由主义神学。朴亨龙认为历史会渐渐的变坏，世界会成为由魔鬼所统治的世界，他对历史持有悲观主义的态度，於是朴亨龙在韩国将悲观主义的历史观当成正统主义神学的历史观来教导。

但是，若教导朴亨龙的历史观，教会就会面临严重的问题。这严重的问题就是教会对社会，政治的责任有可能会从丧失根基。若认为世界的历史会渐渐恶化而终究会成为魔鬼所统辖的世界，为改变世界历史的努力也就没有什麼意义了。朴亨龙的基要主义神学让教会担当了拯救灵魂之救恩方舟的功能，但却是让教会成为不可能改革历史的神学，而这是在韩国历史当中可以看到的。受到朴亨龙影响的教会在韩国军事独裁时期与民主化抗争时期，几乎没有起来抵抗军事独裁的民主化运动人士。朴亨龙的基要主义神学虽然培养了热心传福音来拯救灵魂的圣徒，但却没能培养圣徒参与建立公义与和平的世界。他们无法培育出如同纳尔逊•曼德拉(Nelson Mandela)或马丁•路德•金恩(Martin Luther King Jr.)般的神国人才。

神国度的神学在韩国的发展是与于尔根•莫特曼

的神学影响有很深的关系。韩国很多的神学家与教会都受到了莫特曼的盼望神学, 政治神学, 和平神学的影响, 莫特曼的神学也影响到了整全神学。莫特曼的神学首先影响到了民众神学的发展。韩国的民众神学与莫特曼的神学一同发展, 在这过程当中很多民众神学家成了莫特曼的朋友。但是, 韩国的民众神学与莫特曼的神学有相当大的差异。最重要的差异在於, 民众神学没有三位一体论, 赎罪论, 并主张民众自救论(Self-Salvation of Minjung)。但是, 民众神学在教会的政治责任, 实现神国度的教会使命等神学认知是从莫特曼受到许多影响的。

莫特曼的神学也影响到了赵镛基的三重祝福神学。莫特曼对民众神学的影响是从1970年代开始, 对赵镛基的神学的影响是从1990年代後期开始。赵镛基通过几次与莫特曼会面而认知到自己的神学太过狭隘且单单注重个人的层次。赵镛基与莫特曼神学的共同点在於他们都认为神的救赎并不仅只救赎灵魂, 且是具体在生活与身体当中彰显。

但是, 赵镛基在与莫特曼会面之前并没有深入了解神的救恩在社会与政治的层次。2005年赵镛基正式宣布自己的牧会方针在於公义, 和平与被造物的保存, 这不仅是赵镛基神学的发展, 也是韩国五旬节运动教

会神学迎来巨大改变的契机。莫特曼的神国度神学也深深影响到韩国长老会统和派。1985年长老会神学大学教授会议宣布的神学声明中已有莫特曼的神国度神学的成分，2001年发表的长老会神学大学神学教育声明里也具体地详述著其内容。1985年的神学声明与2001年神学教育声明里可以明显看到在长老会神学大学内发展的整全神学是为神国度的神学。2003年韩国长老会统和派发表的二十一世纪信仰告白书也是可以深深体会莫特曼之神国度神学的信仰告白书。

　　整全神学是为神国度的神学，但是整全神学的神国度思想与十九世纪自由主义的神国度思想是有许多差异的。整全神学并不认为历史发展到一个地步就会带来乌托邦世界的乐观主义是正确的历史观。整全神学明确知道魔鬼的活动与人类的罪恶有可能带来历史的悲剧，也知道历史有可能会面临灾难，但整全神学是对历史宣告希望的神学。虽然魔鬼很强大，人类的罪恶也极深，但之所以宣告历史有希望是因为相信神更强大，也相信主的得胜终究会在历史中彰显。整全神学认为对历史的悲观主义与乐观主义都不是正确的历史观。整全神学是宣告因圣灵而来的新世界之希望的神学。整全神学是宣告神的国度被圣灵所建造，教会是朝向神国度的弥赛亚共同体的神学。

对话的神学

整全神学是为了抵达整全真理的神学。但是,整全神学认为为了抵达整全的真理则需要广泛的神学与思想的对话,与其他学问和其他宗教的对话也是很重要的。整全神学认为这样的对话范围越广泛,就可以更加接近整全的真理。

整全神学是深度理解圣灵论层次的神学。世界各样的神学都是因圣灵而受激发而成的,各样神学的背后都很有可能有圣灵深度的动工。因此,广泛的对话有可能带来对圣灵广泛工作的更进一步的理解。玄曜翰的著作『圣灵面面观』(按:书名为暂译)是对因困在自己的传统而只知道一种圣灵论的拥有狭隘偏见的教会与神学带来教训的著作。[17] 玄曜翰在书中谈到本体论的圣灵论,圣礼主义的圣灵论,理智主义的圣灵论,感情主义的圣灵论,能力主义的圣灵论等各样的圣灵论来说明统全且整全的圣灵论。过去五旬节教会主张不会说方言就没有领受圣灵的洗,但若他们阅读玄曜翰的书就就会发觉到他们的狭隘性,并对其他教会的重

---

17 玄曜翰.《圣灵面面观》. 首尔:长老会神学大学出版部,1998. 玄曜翰以「迈向一个整全的典范」为此书的副题。

要性并心存尊敬之意。从这一层面来说,整全神学真是普世教会合一运动(Ecumenical)的神学,让教会合而为一的神学,打开迈向整全的神学之门的神学。

整全神学并不认为自己的神学是绝对的。若说不断改革是改革宗教会的精神,那整全神学也是不断改革的神学。整全神学并不是被困于李钟声之统全神学的神学,整全神学也不是被困于对整全神学影响很大的于尔根•莫特曼之神学的神学。整全神学是对普世敞开对话的神学,是顺服带领我们迈向整全的神学的圣灵之工作的神学。

欧洲的路德宗教会被困於奥斯堡(Augusburg)信条而导致其更新很缓慢,韩国大部分的保守长老会也将威敏斯特(Westminster)信仰告白绝对化而定罪其他神学思想。这样的教会是没有准确认知圣灵在神学领域所行新的工作的教会。整全神学因世界许多教会被困於自己狭隘的神学传统之井中,而无法聆听神现在,在这里所说的话语而感到可惜。整全神学的本质就是开放与对话,且聆听神现在,在这里所说的话语的圣灵论神学。

整全神学对被困在圣经里且将圣经时代的文化绝对化的基要主义神学采取批判的态度。基要主义神学将极不合乎当代的教导误以为是神的话语来教导。

因基要主义神学被困於圣经里而几乎无法理解神学的圣灵论层次。韩国的基要主义教会将圣经时代绝对化而被困於狭隘的井里而拒绝按立女性牧师与长老，他们根本不理解圣灵在当代的工作。整全神学一方面看重耶稣基督启示的绝对性，但在另一方面则对圣灵现在，在这里的活动敞开著大门。整全神学知道圣灵在当代希望按立女性牧师来行奇妙大事。解放奴隶，解放女性等都是与圣灵的工作深深相关的工作。

整全神学是对话的神学，但并不单单意味著与普世各样的神学展开对话而已，整全神学认为与其他宗教，思想，自然科学，世界历史展开对话也是很重要的。正如整全神学的整全(Ohn)所意谓的，全(Ohn)世界都是整全神学的神学对象，整全神学也教导著在普世活动的圣灵之工作为神学极其重要的对象。另外，整全神学也是寻找将全世界转化为神国度的圣灵之道的神学。

祷告的神学

整全神学是教导祷告的重要性的神学。整全神学对民众神学的民众自救论采取批判的态度并不是针对民众的自觉与活动，这一点反而是民众神学的优点。

整全神学批判民众神学是因为他们缺乏对真拯救者的认知。拯救人类与世界的是神,不是人类自己。

整全神学尊重德国布伦哈特(Blumhardt)父子与卡尔·巴特的神学遗产。尊重这神学遗产的理由在於这神学传统对真拯救者有明确的认知,并在牧会与实践的部份强调著祷告的重要性。[18] 在普世众多哲学神学里很难找到强调祷告之重要性的神学。一个神学若没有认知到祷告的重要性,那就不是整全的神学。[19]

韩国的教会是通过祷告而成长的教会。若有人问韩国教会是怎样的教会,那就可以回答说「韩国教会是祷告的教会」。韩国教会是比普世任何教会更多且更热情祷告的教会。韩国教会灵性的核心在於祷告。韩国教会的清晨祷告会是在世界任何一个地方都找不到的韩国教会独有的特徵。韩国教会具代表性的大型教会-明声教会的清晨祷告会是举世闻名的。韩国教会是相信祷告能够改变历史的教会。韩国教会的神学院都会以祷告开始上课,且每天在课程中安排一个小时来崇拜与祷告,也有很多神学生通宵祷告。过去韩国的神学生相信抓紧松树祷告要祷告到将松树拔起来才能出

---

[18] 金明容.《卡尔·巴特的神学》.首尔:以勒书院, 2011. 55-73.

[19] 巴特的神学也是强调祷告之重要性的神学。对巴特而言,「求告神」(诗50:15)的命令是一切神命令的基础。K. Barth, Das Christliche Leben (Zürich: 1976), 67. 巴特的伦理学是以祷告开始的伦理学,整全神学对於卡尔·巴特的观点予以正面的评价。

去牧会, 而这样的神学生通过祷告让韩国教会以世界上最快的速度增长了起来。

整全神学比其他任何神学高度强调人类与世界的真拯救者, 同时也强调祷告的重要性。整全神学教导教会里祷告不活跃, 教会就会失败。整全神学不是思辨性质的神学, 而是非常实践性的神学。整全神学是认知到魔鬼在普世与历史当中活动的严重性, 且因此而教导若没有深度的祷告就无法得胜的神学。「寻求神, 就能得生」, 这是整全神学的大主题。

爱的伦理

耶稣基督建立神国度的方法是通过爱与服事。「收刀入鞘吧! 凡动刀的, 必死在刀下。你想, 我不能求我父现在为我差遣十二营多天使来吗?」(太 26:52-53)。整全神学不相信暴力的能力。整全神学不认为成吉思汗或亚历山大是人类的英雄。世界历史或许会称颂这些用力量来攻打他国, 杀死百姓, 焚烧城池的人们是英雄, 但整全神学对这样的历史观采取著怀疑的态度。

整全神学认为希特勒(A. Hitler)的历史里有魔鬼深度的活动。战争, 杀人与死亡的背後是魔鬼。魔鬼是杀人的灵(约 8:44), 战争, 杀人, 鼓吹民族优越性的政治

的背後有魔鬼的存在。[20]

整全神学高度评价1980年代在欧洲进行的和平神学与和平运动的历史。整全神学相信柏林(Berlin)围墙倒塌, 东西冷战结束的惊人历史背後有著欧洲教会发展的伟大的和平神学。整全神学相信爱仇敌的精神会改变历史且带来生命与和平的世界。整全神学相信耶稣基督之道是爱仇敌的服事之道。神的国度是通过爱与服事来建立的, 而不是通过暴力与战争建立起来的。

整全神学并不认为普世教会与神学里普遍将个人伦理与社会伦理区分并在集团与集团的关系里以正义为标准的伦理学是已经抵达整全的伦理学。[21] 整全神学相信集团之间深度的纠纷也是可以通过爱来医治与解决的。整全神学认为以律法为基础的伦理学绝对不能建立和平的世界。合乎福音的伦理学的起点是爱, 而爱仇敌才是福音伦理学的巅峰。生命与和平的世界唯有通过合乎福音的伦理学, 而非以律法为基础的伦理学才能建立起来。

整全神学相信能够胜过魔鬼的真力量是爱, 因为

---

20 金明容.《当代的挑战与当今的系统神学》. 首尔: 长老会神学大学出版部, 2011. 44-45.

21 雷茵霍尔德•尼布尔(R. Niebuhr)的伦理学虽然对普世带来许多影响, 但在整全神学的观点来看, 尚有许多可受批判的馀地。

神就是爱(约壹 4:8), 而神的能力则在爱中彰显。魔鬼无法胜过神, 也不能胜过爱。神拯救世界的能力是在爱的里面。整全神学是趋向十字架的伦理学, 福音的伦理学, 爱的伦理学的神学。

结语

　　在韩国最广泛且最有影响力的神学是基要主义神学。韩国基要主义神学的代表人物是朴亨龙。但是，韩国的神学并没有停留在基要主义。赵镛基展开了与朴亨龙以灵魂中心的基要主义神学不同的神学，这彰显在他的三重祝福神学当中。他在韩国展开了将希望带给身处病痛与困苦之人的神学，也建立了世界上最大的教会-汝矣岛纯福音教会。但是，赵镛基的三重祝福神学还没有发展到拯救社会与历史的神国度神学。1970年代中期登场的民众神学是为了正义与民主主义而斗争的神学。这神学终于成就了推翻韩国独裁政

权且带来的民主化的成果。很多民众神学家曾经在金大中总统执政的时期於政权的中心活动。但是, 韩国的民众神学因欠缺三位一体论与赎罪论且提昌民众自救论等多数韩国教会无法接受的激进教义而未能扎根於教会。整全神学是朴亨龙以灵魂与教会为中心的神学, 赵镛基的生命神学以及强调历史责任的韩国民众神学於长老会神学大学交融而绽放花朵的韩国神学130年以来的结论与颠峰。路德与加尔文的神学基础, 卡尔•巴特与于尔根•莫特曼等德国神学家以及韩国杰出的神学家-李钟声对形成整全神学的功劳与影响是很大的。

整全神学是三位一体的神学, 神主权与恩典的神学, 强调整全福音的神学, 以传播耶稣基督的福音与实现神的国度为目的的整全教会论的神学, 且是在普世与全宇宙里展开救赎的神学, 也是尽力理解圣灵广泛的工作的生命神学。整全神学是对话的神学, 是不断为了顺服圣灵的旨意而不断改革的改革宗神学。

参考文献

金明容.《卡尔•巴特的神学》. 首尔: 以勒书院, 2011.

金明容.《当代的挑战与当今的系统神学》. 首尔: 长老会神学大学出版部, 2011.

洛云海.《莫特曼神学与韩国神学》. 未出版博士学位论文, 首尔:长老会神学大学, 2011.

徐南同. "两个故事的合流".《民众神学探就》. 首尔: HanGilSa, 1983. 52-55.

徐南同. "民众是谁?".《民众神学探就》. 首尔: HanGilSa, 1983. 217-218.

李钟声.《春溪李钟声著作全集4 基督论》. 首尔: 韩国基督教学术院, 2001. 575.

李钟声, 金明容, 尹哲昊, 玄曜翰.《统全神学》. 首尔:长老会神学大学出版部, 2004.

玄曜翰.《圣灵面面观》. 首尔:长老会神学大学出版部, 1998.

*书名均为暂译

Barth, Karl. *Das Christliche Leben*. Zütich: Theologischer Verlag, 1976.

Kim, Myung Yong, "The Reception of Karl Barth in Korea." In *Dogmatics after Barth: Facing Challenges in Church, Society and the Academy*, Edited by Günter Thomas, Rinse H. Reeling Brouwer, and Bruce McCormack, 15-24. Leipzig: CreateSpace Independent Publishing Platform, 2012.

Moltmann, Jürgen. *Die Quelle des Lebens: Der Heilige Geist und die Theologie des Lebens*. München: Kaiser Verlag, 1997.

评论

────

关於整全神学

● Machael Welker(海德堡大学荣誉教授, 国际学科间
  神学研究所所长(FIIT - Forschungszentrum Interna-
  tionale und Interdisziplinäre Theologie)
● 韩文翻译: 朴成奎(长老会神学大学 助教授)

　　「整全神学」为可行与当代城市的神学范本。「整全
神学」是以宗教改革神学为根据的神学, 也是在与19世
纪, 20世纪普世性神学发展论争中产生的神学, 同时也
是於巨型都市(Mega-City)首尔发展且在韩国长老教会里
形成的神学。「整全神学」虽然是教会的神学, 同时也尊重
著来临中的神国度介入全时代与全世界的领域。「整全
神学」试图以三位一体论的神学来掌握来临中的神国度
所介入的领域。而且, 「整全神学」正面评价新约圣经与宗
教改革神学之基督论的基本方向, 同时也对20世纪强烈
的五旬节教会与恩赐运动的特徵-圣灵论的方向采取敞

开的态度。「整全神学以耶稣基督启示的终极性为基础，但也对因圣灵而在世界各地兴起的解放与生命的工作敞开著。」(金明容. 整全神学. 2.)另外, 韩国改革宗教会的基要主义神学与五旬节运动神学高度集中於个人灵魂得救, 但「整全神学」却以根据基督论与新创造神学的上帝-国度-观点(Reich-Gottes-Perspektive)来开展神学, 且将这样的神国度观点看为圣灵的公义与和平并为保护弱者而动工的神的能力。「整全神学」与所谓的「相互保全的末世论」(Komplementare Eschatologie)-神学与自然科学有关末世论的问题长期进行学术交流而得到的概念-一样是与教会合一运动神学, 解放神学, 且与韩国民众神学能够形成既构成又批判的关系。

金明容博士将加尔文, 巴特, 莫特曼以及长老会神学大学的前任校长李钟声博士联结起来, 很令人印象深刻地让多层面的, 既三位一体论且拥有「基督论-圣灵论」的方向性奏效。三位一体神的创造与新创造的工作并非单单对个人灵魂产生作用而已, 也不是作用於超越历史的末世论。当然, 金明容没将启示与历史划上等号, 但是, 金明容认为既现在同时又未来的历史内末世论的运动在来临中的神国度里产生作用, 并且掌握到这样的末世论的运动是与期盼基督教神学能够得到完全的启示的

神永恒的国度有著互补的关系。因耶稣基督的能力受决定且在圣灵的能力中以创造与新创造的能力形成的生命,一方面在崇拜与祷告中,另一方面在先知性的社会关怀层次的门徒之道中,并且在耶稣基督福音的宣告中,更进一步的在爱,公义与和平的伦理中成就。

「整全神学」是拥有可以通过设定圣灵论的方向来将耶稣基督的三重职分(真君王,真祭司长,真先知)的古典教义更进一步的发展为「神国度的三重型态」(M. Welker, Gottes Offenbarung, Christologie)教导的能力的神学。更进一步的,「整全神学」是有能力认知人类是处于三位一体神的广泛工作领域中的存在的神学。三位一体神的工作能够让我们认知到什么是实践爱与饶恕,且能让我们认知到什么是为我们的周围环境与我们自己而实践医治与饶恕,并让我们在任何困难的条件中也能够实践之(神国度君王的型态)。因此,对共同体内或共同体外,关怀人类的肉体与属灵健康一事是不可以停留在个人的医治,甚至於义务性服事的医疗体系。都市人的健康在教会的层面而言也是能够测量该都市发展程度的决定性尺度。

另外,「整全神学」拥有让我们以属灵的,崇拜的关

系来看待我们自己与他人的能力。这样属灵的, 崇拜的
关系最佳体现的型态与颠峰当然可以在共同体聚集的
崇拜中, 以及祷告和荣耀颂中发现, 这也是已经在所有
时代的教会中以及世界的领域中扎了根的。(神国度祭
司长的层面)。地上的生活与情况偶尔会让我们惊叹其
范围广大而无法测度, 但是, 耶稣基督的教会与来临中
的神国度的范围是更加浩瀚无边的。